SOUVENIRS DU NORD.

BIBLIOTHÈQUE NATIONALE
COLLECTION DU
BARON LARREY
DON DE
M DODU
IMPRIMÉS

Larrey
8 Z.
308

Sous presse :

Précis des Contagions, par le même Auteur.

SOUVENIRS DU NORD,

OU

LA GUERRE, LA RUSSIE,

ET LES RUSSES OU L'ESCLAVAGE.

Par M. R. FAURE,

Docteur en médecine, Médecin du 1er corps de cavalerie pendant la campagne de 1812.

Le fléau de l'humanité, c'est le pouvoir absolu.
Mme DE STAËL, *Considérations sur les principaux événemens de la Révolution française.*

A PARIS,

Chez PÉLICIER, Libraire, Place du Palais-Royal,
et MONGIE, Boulevard Poissonnière, n° 18.

1821.

AVANT-PROPOS.

Au milieu des occupations d'une vie active et parmi les plaisirs du monde, on oublie souvent trop vite les événemens les plus propres à laisser dans la mémoire une impression profonde. Qu'il me soit permis de rappeler d'abord et de fixer ici quelques souvenirs d'une guerre désastreuse ; ceux de mes lecteurs qui y prirent part aimeront à se les rappeler, et les autres pourront sur cet écrit s'en former quelque idée. On se plaît généralement au récit des actions guerrières ; sans doute parce que c'est dans la carrière des armes qu'on trouve les scènes les plus intéressantes que présente la vie, et qu'on voit l'homme placé dans les situations où il peut le mieux développer toute l'énergie de son caractère.

Le besoin de sensations, motif probable

de ce goût universel et de tous les temps,
fera peut-être parcourir avec quelque indulgence le tableau que j'ai essayé de tracer
du climat de la Russie; les grands phénomènes de la nature diffèrent tellement dans
ce pays de ceux que nous offrent le midi
de l'Europe, qu'ils semblent devoir exciter
la curiosité. Toutefois, de plus graves considérations réclament notre attention pour
un pareil sujet. L'histoire d'un peuple appelé à jouer un grand rôle sur la scène du
monde s'y trouve étroitement liée; à chaque
pas qu'on fait dans l'étude de l'histoire de
Russie, on est obligé de tenir compte de
l'état physique de ces contrées, des distances énormes qui séparent les villes, des saisons qui doivent influer si puissamment
sur les grandes entreprises, genre de remar-
ques sur lesquelles les écrivains, même les
plus modernes, n'ont pas suffisamment
insisté.

Ce qui nous importe davantage, c'est
d'apprécier l'état actuel de la nation russe;

le langage et la conduite des cours de l'Europe à l'égard de cette puissance deviennent tous les jours si étonnans, son intervention dans tous leurs différends peut devenir si dangereuse, que tout ce qui sert à la faire connaître est susceptible d'offrir de l'intérêt. L'exposé que je fais de sa situation morale peut paraître imparfait, on n'en contestera pas du moins la vérité; je ne parle que de ce que j'ai vu, de ce que j'ai considéré de sang-froid. Si la peinture en est quelquefois affligeante, je n'en suis pas cause; il n'a pas dépendu de moi de l'éviter en remplissant l'obligation que je m'étais imposée de dire la vérité; j'ai cru pouvoir dire ce que d'autres osent faire, ce qu'ils font toute leur vie; j'ai peint les excès inséparables de l'exercice du pouvoir absolu. On verra, comme l'avait dit Montesquieu, que *la corruption et la misère arrivent de toutes parts dans les états où il règne.* Heureux si en signalant ces calamités je puis faire mieux sentir les avantages d'un gou-

vernement conforme aux principes de la
raison et de la justice, et dont tout homme
honnête doit désirer de voir affermir les
bases et développer les principes.

SOUVENIRS DU NORD,

ou

LA GUERRE,

LA RUSSIE, ET LES RUSSES

OU L'ESCLAVAGE.

LA GUERRE.

CHAPITRE PREMIER.

Départ.

A la fin de 1811, d'immenses préparatifs de guerre donnaient lieu aux plus étranges conjectures et annonçaient une expédition lointaine, une entreprise plus vaste que toutes celles que nous avions vu tenter encore. Le quartier-général des troupes stationnées dans le nord de l'empire français et en Allemagne, fut établi à Mayence. On y vit bientôt réunis un brillant état-major, de nombreuses administrations et une foule de gens de diverses nations, dont la présence faisait soupçonner des vues sur des pays où l'armée devrait se suffire à elle-même.

Au commencement de mars, la garde impériale quitta Paris, le quartier-général partit de Mayence, s'arrêta quelques jours à Erfurt, et se dirigea sur Berlin pendant que notre grosse cavalerie cantonnée en-deçà de l'Elbe, entrait aussi en marche, et qu'on rasait les faubourgs de Magdebourg pour mettre cette ville en état de défense.

A peine rassurée sur le mouvement de ces forces, la ville de Berlin reçut le quartier-général de son allié qui pouvait encore une fois y entrer comme ennemi; placée sous les ordres d'une autorité militaire française, elle vit bientôt les troupes prussiennes partir pour la cause devenue commune; et son roi, également accablé sous le poids des calamités de son peuple et de ses infortunes particulières, demeurer sans appui au milieu des baïonnettes étrangères, c'est-à-dire sous la tutelle d'une puissance qui lui était odieuse.

Ce n'est pas à une nation généreuse qu'il faut demander si un souverain, témoin des calamités de sa patrie, tombé dans la condition d'homme privé, alors qu'il avait encore la couronne sur la tête; si un monarque qui, ayant vu dépouiller jusqu'au tombeau de ses pères, avait encore été réduit à faire arracher les moindres ornemens des murs de son palais pour payer les frais de la guerre au vainqueur ; ce n'est pas à des hommes doués d'autant de sensibilité que de courage, qu'il faut demander si ce roi malheureux, qui ne semblait vivre et régner que pour donner l'exemple de la résignation, qui déployait tant de grandeur au milieu de tant d'infortunes, avait quelques droits au respect et à la pitié. Tous ceux qui parcoururent ces pays depuis longtemps soumis et toujours opprimés, répondraient sans doute que la gloire qui agrandit l'âme, ennoblit aussi le cœur, et que vainqueurs, ils ont souvent gémi sur la destinée des vaincus. Tel est le sentiment qu'on emportait en quittant la ville qu'avait pour ainsi dire fondée le grand Frédéric, et que ses cendres animaient encore.

Francfort-sur-l'Oder, Pozen et les environs étaient remplis de nos troupes ; les équipages de Napoléon étaient déjà dans cette dernière ville, et les lanciers de sa garde y arrivèrent bientôt aux acclamations de tous les habitans. Les dames les plus distinguées par leur naissance ou leur fortune, venaient avec transport reconnaître dans les rangs leurs maris et leurs frères, qui tous unissaient à la gloire acquise de

si belles espérances pour l'avenir. Il était difficile de ne pas partager l'ivresse d'un peuple
que la moitié de l'Europe avait abandonné
pendant quarante ans à ses oppresseurs, et
qui voyait le monarque le plus puissant de
la terre venir venger ses droits.

Mais en s'intéressant à la liberté politique
des Polonais, on ne pouvait s'empêcher de
songer à cette précieuse liberté civile, dont la
majeure partie était depuis si long-temps pri-
vée. Nourri dans l'esclavage et la misère, tombant à nos pieds, embrassant nos genoux
comme il avait toujours embrassé ceux de
ses maîtres, le cultivateur des sables de la
Pologne prouvait, par ces démonstrations,
qu'il est pour l'homme un bien au-dessus de
tous les autres, qui fait trouver des charmes à
l'existence jusque dans le creux des rochers,
au fond des forêts, au milieu des déserts, la
liberté sans laquelle le bonheur n'est nulle
part.

C'est avec l'espérance de voir un jour respecter cette prérogative naturelle, que, passant
au coucher du soleil auprès du château de
Lovinski, dont les dômes élevés insultent si
orgueilleusement aux humbles chaumières
qui l'entourent, j'aimais à entendre les sons
d'une musique guerrière répétés par l'écho des

rives de la Wartha ; ces malheureuses contrées
n'avaient long-temps retenti que des chants
d'un ennemi vainqueur.

Destiné pour le premier corps de cavalerie,
je traversai quelques villages peuplés de ces
juifs hideux, de ces espèces d'*Achéménides*
qui trouvent à trafiquer dans ces tristes campagnes. J'arrivai sur la Vistule dont les bords
sont aussi rians que ceux de nos grands fleuves. La petite ville de Culm avec ses vieux
murs de brique, perchée sur une hauteur de
la rive droite d'où elle domine au loin, rappelle les vieux châteaux gothiques et les temps
de la chevalerie dont on ne trouve que peu
de traces dans ces pays nouveaux pour l'histoire. D'une espèce de morne tout nu, situé
auprès de Schwetz, on aimait à voir la Vistule
large et majestueuse couler sans détours au
milieu d'une plaine immense qui se perdait
dans l'horizon, et à se livrer à la douce impression que causent toujours les beautés de
la nature. En jetant un coup d'œil sur ces
tableaux, nous sommes obligés de convenir
que la Providence nous offre le bonheur, et
que le mal nous vient des hommes ; et telle
est leur faiblesse à côté de ses œuvres, que
si grands qu'aient été leurs actes de destruction, nous les oublions à l'aspect de cette

belle harmonie. Le souverain le plus puissant de la terre couvrait ces contrées de ses légions redoutables, et de tout l'effroyable attirail de la guerre ; rien ne paraissait de ces hostiles préparatifs. Tout entier au spectacle merveilleux d'une terre fertile animée du souffle du printemps, le cœur ne s'ouvrait qu'à la reconnaissance.

Au bout d'un pont établi devant Marienwerder, un nombre infini de fantassins travaillaient à des retranchemens (a). En se promenant le soir autour de la ville, on voyait arriver de tous côtés des troupes qui allaient bivouaquer dans les environs déjà couverts de bataillons armés. Des hommes qui avaient marché toute la journée par les plus fortes chaleurs, chargés de leur équipement et des provisions les plus nécessaires (b), prenaient encore de grosses pièces de bois sur leurs épaules, les transportaient au milieu des champs pour y faire du feu la nuit, et réalisaient presque par leur vigueur les fictions de l'Arioste et du Tasse. Toute la nuit on n'en-

---

(a) Le général Nansouty était à Marienwerder avec son état-major ; c'était ma destination.

(b) Chaque soldat avait huit ou dix livres de farine dans son sac.

tendait que le bruit des chariots de guerre,
le pas de la cavalerie et le cliquetis des armes
des lieux de repos : de ces stations guerrières
partaient des cris de *vive l'Empereur!* que l'enthousiasme répétait au loin avec toute la force
qu'il sait donner. *Où est l'ennemi? qu'on nous
le montre!* s'écriaient ces soldats, un jour
qu'on avait donné l'ordre d'aiguiser les baïonnettes pour passer une revue.

Un homme faisait mouvoir cette multitude
innombrable! un seul homme allait causer
tant de malheurs! un seul homme pouvait
tout arrêter, tout prévenir, et il persistait dans
sa funeste résolution! *quanta moves funera!!*

Le 31 mai, le quartier-général de notre corps
d'armée partit de Marienwerder, s'arrêta quelques jours à Preuss-Eylau, et se porta ensuite à fortes journées sur le Niémen.

Le village d'Eylau avait été réparé depuis
la dernière guerre. Au milieu de la plaine où
s'était donnée cette sanglante bataille, des osse-
mens d'hommes et de chevaux blanchissaient
encore à la surface de la terre. Rien ne rappelait cette journée mémorable; aucun monument, aucune colonne ne s'offrait aux regards
du voyageur : ces champs de notre gloire appartenaient à l'étranger. Seulement à vingt pas
de la route une croix de bois s'élevant au-dessus

des hautes tiges de blé, annonçait une tombe modeste, sur laquelle aucune inscription ne fesait reconnaître les restes. sans doute fameux qui y avaient été déposés.

En songeant aux honneurs dus à tant de braves guerriers, on aurait regretté qu'ils eussent péri hors de leur patrie, si la distance qu'ils avaient su mettre entre leurs foyers et les lieux illustrés par leur trépas n'eût été le plus beau témoignage de leur incomparable valeur. On eut désiré de voir leurs proches venir arroser de leurs larmes cette terre baignée de leur sang, et ces simples mausolées auraient bien valu le marbre et l'airain, plus périssables que leur renommée. Ces champs où ils reposaient auraient été regardés par leurs descendans comme un précieux héritage. Ils y seraient venus nourrir leur âme de grandeur au souvenir de tant d'exploits, avec ces compagnons d'armes, élite des guerriers, couverts de blessures reçues dans les mêmes combats, et brillans d'une même gloire. Mais si rien ne rappelle ici tant de hauts faits, ils ont retenti dans l'univers. La patrie a retenu vos noms, braves soldats! et tant que l'honneur sera son premier besoin, tant qu'il y aura quelque chose de grand parmi les hommes, on se plaira à les répéter comme à les citer pour exemple; le sort des nations peut changer. Si le peuple qui a produit tant de héros devait un jour disparaître, tous les autres, dominés par le puissant ascendant de vos vertus, vous accorderaient la même admiration, parce qu'ils s'honoreraient autant en vous payant ce tribut d'hommages qu'il est glorieux pour vous de l'avoir mérité : la journée d'Eylau appartient déjà à la postérité.

A quelques lieues plus loin, Friedland fixait l'attention. Une armée entière qui avait employé six mois à se retrancher, en fut expulsée par une de ces attaques impétueuses qui caractérisent la valeur française.

Couverts de lauriers récemment cueillis auprès des colonnes d'Hercule, ces soldats parlaient de l'ennemi avec un ton de supériorité bien permis à ceux de la vieille armée, puisqu'il garantissait d'ailleurs tant d'actions éclatantes pour l'avenir.

Du côté de Landsberg, de Domnau, on trouve des bois antiques dont le silence et l'ombre presque ténébreuse inspirent le recueillement. Tous ces lieux étaient pour nous pleins de grands souvenirs, tous avaient vu fuir l'ennemi devant nos aigles victorieuses. Ces villes se remplissaient chaque jour de troupes qui fesaient de fortes journées : on les voyait se grouper comme ces nuages encore muets qui doivent former l'orage.

Le 24 juin, au matin, on vit de longues files de cuirassiers se déployer dans la campagne et briller au-dessus des moissons. L'air retentissait des hennissemens des chevaux qui se répondaient de toutes parts et semblaient appeler les combats; le mouvement était général, mais calme et imposant. Des corps d'infanterie qui avaient fait des démonstrations sur le Niémen non loin de Tilsitt, s'étaient rapidement portés à droite, et arrivaient sur ce point après deux ou trois jours d'une marche presque continuelle pour passer le fleuve d'où nous n'étions plus qu'à quatre lieues. Ces soldats avançaient avec d'autant plus d'ardeur qu'on leur avait donné l'espoir de trouver l'ennemi avec lequel ils brûlaient de se mesurer. Notre corps d'armée fut réuni au bivouac.

A neuf heures du soir, la trompette donna le signal du départ; tout se mit en mouvement. La lune éclairait de ses rayons cette marche qui rapprochait des lignes ennemies.

Les troupes étaient ainsi réunies et il n'avait paru aucune déclaration de guerre. Le peuple de l'armée se livrait aux conjectures les plus ridicules, lorsque la proclamation suivante fut mise à l'ordre du jour et leva tous les doutes.

« Soldats !

« La seconde guerre de Pologne est commen-
« cée ; la première s'est terminée à Friedland
« et à Tilsitt. La Russie a juré une alliance éter-
« nelle à la France, et guerre à l'Angleterre.
« Elle viole aujourd'hui ses sermens ; elle ne
« veut donner aucune explication de son étrange
« conduite, que les aigles françaises n'aient re-
« passé le Rhin, laissant par là nos alliés à sa
« discrétion : la Russie est entraînée par la fa-
« talité ; ses destins doivent s'accomplir.

« Nous croirait-elle donc dégénérés ! ne se-
« rions-nous plus les soldats d'Austerlitz ! elle
« nous place entre le déshonneur et la guerre ;
« le choix ne saurait être douteux. Marchons
« donc en avant ; passons le Niémen ; portons
« la guerre sur son territoire ; la seconde guerre
« de Pologne sera glorieuse aux armes fran-
« çaises comme la première ; mais la paix que
« nous conclurons portera avec elle sa garan-
« tie, et mettra un terme à cette orgueilleuse
« influence que la Russie exerce depuis cin-
« quante ans sur les affaires de l'Europe. »

CHAPITRE II.

Passage du Niémen.

Le 25 juin au matin, nous étions campés au bord du Niémen; ce large fleuve nous séparait d'un pays dont l'aspect repoussant faisait naître les plus sérieuses réflexions. Sur cette plage aride et déserte passait parfois un cosaque dont l'étroite lance brillait aux rayons du soleil. A droite paraissaient les clochers de la ville de Kowno entourée de bois disposés en amphithéâtre, et d'où s'élevait souvent une épaisse fumée comme si la forêt eût été livrée aux flammes.

Vers cinq heures du soir, le son de la trompette ordonna de se porter en avant. Le temps était orageux, une pluie douce rafraîchissait l'air, et paraissait faite pour ranimer les forces de la végétation, toujours constante à reproduire, tandis que les hommes ne semblent méditer que la destruction. Enveloppés dans leur grand manteau blanc, les cuirassiers offraient, autant par leur attitude où se peignait si bien l'héroïsme, que par leurs formes presque colossales, une expression de force à laquelle tout devait céder. Le tonnerre se fit

entendre : qui menaçait cet augure ? loin d'en
concevoir de fâcheux présages, on était disposé à s'en réjouir ; il n'y avait qu'un ciel
couvert de sombres nuages, sillonné d'éclairs
et rempli du bruit terrible de la foudre, qui
pût être en harmonie avec la majesté de ce
grand mouvement et l'âme de ces guerriers.
Cette agitation des élémens entourait cette
marche imposante de la seule pompe qui pût
lui convenir.

On remontait lentement le bord du fleuve
pour arriver vis-à-vis Kowno, où nous entendîmes bientôt la musique et les tambours de
la garde impériale, tandis que les habitans dis-
persés d'abord s'en approchaient avec crainte.
Des troupes qui venaient de passer les ponts
couronnaient déjà les hauteurs voisines, et
présentaient un aspect aussi sévère que les sables de la plaine étaient stériles. Toute la nuit
l'armée continua à effectuer son passage avec
un tumulte que l'imagination ne peut se repré-
senter. A peine l'aurore rougissait l'air chargé
de poussière, qu'on s'empressait d'avancer. La
route était encombrée à un quart de lieue du
pont ; les nombreuses troupes d'habitans qui
avaient passé cette digue atteignaient rapidement les premières, et tout s'avançait comme
un torrent impétueux, laissant derrière les

moissons renversées, les habitations désertes et la terre étonnée de la rapidité de l'épouvantable fléau de la guerre. Que d'hommes se trouvaient réunis dans cette armée! En voyant ses nombreux bagages, on eût dit que les peuples du Midi de l'Europe refluaient vers le Nord, épouvantés par quelque grande catastrophe; ou que, dans un bouleversement universel, ils roulaient vers le septentrion devenu le point le plus bas de la terre. Telle fut la marche de l'armée jusqu'à Wilna; cette ville, qui venait de donner des fêtes à son souverain qu'elle croyait presque encore dans ses murs, se voyait inondée d'une armée ennemie; toute prévoyance se trouvait déçue à tel point, que ses habitans se demandaient si ce n'était pas un songe.

On s'était attendu à une vigoureuse résistance de la part des Russes sur le Niémen: tout l'avantage devait être pour ceux qui avaient à en défendre le passage; on avait jeté les ponts et on était passé presque sans coup férir. Napoléon gagnait dans l'esprit de l'armée peut-être plus que s'il eût remporté une victoire éclatante. Tout le monde apprenait par cet exemple qu'avec beaucoup d'ambition et de fermeté de caractère on peut encore prévenir des malheurs et éloigner des dangers.

Auprès de Wilna, la route était couverte de chevaux de transport que la pluie, les fatigues, et le blé (le seigle) dont ils se nourrissaient, avaient fait périr. Mais ce qui fit plus de mal encore, ce furent les ondées qui tombèrent le soir de notre arrivée à Wilna, et le lendemain.

L'armée bivouaqua autour de la ville. Il n'y entra que la garde impériale dont on passa la cavalerie en revue; il fallait donner ce spectacle aux habitans de la place nouvellement conquise; il fallait faire circuler dans les rues ces bruyans escadrons, il fallait faire gronder l'orage autour de ces étrangers, afin de leur inspirer un respect plus profond pour des forces déjà assez imposantes. Toutes ces manœuvres étaient dictées par une vaste ambition et une profonde connaissance des hommes.

Wilna, mieux bâtie que n'aurait pu le faire soupçonner le pays pauvre que nous avions traversé jusque-là, offrait quelques ressources à l'armée; mais on n'y trouva point de fourrages : les magasins avaient été brûlés par les Russes.

A notre approche, les Russes avaient décidé que les divers corps de leur armée se retireraient vers leur camp retranché de Drissa sur la basse Dwina, et qu'ils ne livreraient bataille que lorsqu'ils seraient tous réunis. Connaissant leur pays, ils savaient que nous nous affaiblirions en les suivant, surtout avec le système de défense qu'ils avaient adopté. Ils ne nous laissaient aucune espèce de vivres. Ils voulaient prendre tous leurs avantages. Ils en avaient besoin; notre armée, estimée à cinq cent mille combattans en tout, étant plus forte au moins d'un quart que la leur.

Ceux de leurs corps placés aux environs de Wilna, et à notre gauche, purent exécuter le plan de retraite dont ils étaient convenus. Mais ceux qui étaient à notre droite se trouvèrent coupés par l'arrivée inattendue du centre de notre armée à Wilna. Le général Doctoroff et le prince Bagration, qui commandaient chacun un corps considérable, apprirent que notre armée était sur la route qu'ils devaient suivre. Ils voulurent l'éviter. On envoya des troupes à leur rencontre vers Osmiana. Le général Doctoroff se fit jour plutôt par ruse que par force. Le prince Bagration fut obligé de se diriger sur Minsk, où il rencontra le premier corps de l'armée française. Voyant qu'il était impossible de traverser un pays couvert de nos troupes, il prit sur lui de changer sa marche, bien sûr que l'empereur l'approuverait s'il parvenait à sauver, à quel-

que prix que ce fût, les troupes qu'on lui
avait confiées. Il se jeta sur le Borysthène (1);
les autres corps se concentrèrent en se reti-
rant vers Drissa, où notre armée les suivit.

En arrivant à Wilna, j'avais vu étendu par
terre, près de la porte de cette ville, un soldat
russe; c'était un des premiers morts dans cette
guerre. En partant, nous trouvâmes à peu de
distance le cadavre d'un hussard français : un
léger engagement entre nos avant-postes et
l'arrière-garde ennemie ne devait pas détruire
entièrement les espérances de paix que beaucoup de personnes avaient conçues, en voyant
la facilité avec laquelle nous entrions dans ce
pays; plusieurs avaient encore l'opinion qu'il
pouvait exister des intelligences secrètes entre
les deux souverains; les hostilités n'étaient
pas sérieusement commencées. On n'avait eu à
lutter jusque là que contre les distances et la
misère qui n'était pourtant pas ce qu'elle avait
été. Depuis Wilna le pays était merveilleux :
souvent obligés de faire de longs détours dans
ces plaines immenses, parce que des ponts
avaient été brûlés, nous trouvions beaucoup
de paysans chez eux. Les premiers jours, les
marches forcées avaient beaucoup fatigué
la grosse cavalerie qui avait presque fait le
service de la cavalerie légère. Les pluies de

Wilna et le vert dont les chevaux se nourrissaient uniquement, en mirent beaucoup hors des rangs. A la moindre pluie on voyait un grand nombre de cuirassiers rester en arrière; car les chemins étaient alors moins faciles, le fourrage plus affaiblissant, et la charge de chaque cavalier plus lourde : il était pénible de voir ainsi se fondre une si belle armée qui devait par la suite trouver tant de ressources en elle-même. Les pertes de l'infanterie n'étaient pas aussi réelles, mais en présence de l'ennemi elles dûrent être aussi considérables. Des maraudeurs s'étaient mis sur le pied de ne pas rejoindre leurs corps pendant toute la campagne.

Tous les jours se ressemblaient assez, à cause de l'uniformité du pays que nous parcourions, et de celle de notre genre de vie. Un pays plat, découvert, n'offrant qu'à de grandes distances de misérables villages, des lacs, et sur les routes quelques auberges ou maisons de juifs abandonnées; un tel pays n'a rien qui laisse des traces bien profondes; la vie que nous menions ne le pouvait guère mieux. Partir à toute heure du jour ou de la nuit, lorsque la fatale trompette l'ordonnait, avoir toujours beaucoup d'embarras pour vivre, s'installer le soir à la hâte, et lorsqu'on avait à peine goûté le moindre repos, être obligé de repartir pour recommencer des courses qui, seules, menaçaient l'armée d'une prochaine destruction ; cette uniformité de fatigues et de privations n'offre non plus rien qui aide à se rappeler la suite des événemens alors assez rares.

Quelquefois notre cavalerie rencontrait l'arrière-garde ennemie, et l'obligeait à accélérer sa retraite. Il nous venait quelques déserteurs. Nous arrivâmes de la sorte à Disna avec le roi de Naples. Le canon nous annonçait. Notre aile gauche avait passé la Dwina à Dunabourg, des troupes françaises manœuvrèrent sur notre droite, et menacèrent les provinces centrales de la Russie. Soit que l'ennemi voulût les couvrir (en se rapprochant d'ailleurs de la direction qu'avait prise le prince Bagration), soit qu'il voulût nous y attirer, il abandonna son camp retranché de Drissa, laissant un corps d'armée pour s'opposer à notre aile gauche, et couvrir Saint-Pétersbourg ; il se porta vers Polotsk et Witepsk : nous le suivîmes en remontant la Dwina.

Lorsque nous avions quitté Wilna, Polotsk était devenu l'objet de nos désirs, parce que nous ne voyions aucun autre point sur lequel nous pussions les arrêter dans ce pays désert ; lorsque nous aperçûmes cette ville, nous apprîmes que nous ne devions pas y entrer. Toutefois son air de pauvreté nous consolait de cette privation : c'est ainsi que nous devions aller d'illusion en illusion, d'espérance en espérance jusqu'à Moscou.

CHAPITRE III.

Affaire d'Ostrowno.

NOTRE corps faisait l'avant-garde de l'armée, nous étions depuis deux ou trois jours en vue de l'ennemi ; on avait échangé quelques coups de canon. Le 26 juillet au matin, nous partîmes de bonne heure ; le soleil brillait, la campagne était riante, nous suivions une belle route ; des lanciers polonais arrivaient sur leurs vigoureux chevaux, en répétant leur chant national. En descendant vers un village, nous entendîmes quelques coups de canon très près de nous ; nous crûmes que c'était un léger engagement, mais les coups de canon reprirent un moment après. Nous approchions ; un capitaine d'état-major vint au galop chercher les cuirassiers qui arrivaient derrière nous ; plus loin nous vîmes un de nos hussards du huitième étendu sur la route, la face contre terre :

il avait eu le crâne emporté par un boulet.

Des batteries russes avaient fait feu sur la cavalerie légère, on s'était de suite mis en bataille, le général qui la commandait était venu dire avec fureur, que si l'ennemi tirait encore, il fallait charger les pièces ; les coups de canon ayant recommencé comme nous l'avions entendu, ses soldats étaient partis comme l'éclair, et étaient revenus bientôt après avec quatre ou huit pièces de canon et des prisonniers. Quand on nous faisait ce récit, les deux côtés du chemin étaient déjà couverts de blessés prisonniers ou français. On voyait des hussards amener des prisonniers qu'ils faisaient courir devant eux à pied, ou montés sur des chevaux dont ils tenaient la bride d'une main ; dans l'autre main était un pistolet. Je pansai les plus pressés.

L'action se passait dans un endroit bas où la route changeait de direction : le feu et la fumée se croisaient presque, tant l'artillerie ennemie était près de la nôtre. Les cuirassiers, rangés en bataille des deux côtés, soutenaient les pièces et les troupes engagées sans faire un mouvement. Le roi de Naples, voyant que l'ennemi voulait tenir, ordonna qu'on fît reculer les équipages ; les équipages se retirèrent ; ceux qui étaient derrière, voyant les plus avancés reculer, s'éloignèrent avec précipitation : ce fut presque une alerte.

Bientôt arriva de l'infanterie formée en pelotons : conduite avec lenteur, elle n'en paraissait que plus sûre de vaincre. Près de les imiter, elle admirait les exploits de la cavalerie légère ; ces hommes étaient en effet devenus furieux dans le combat : combien n'en vis-je pas qui, venant de se faire panser, et ayant la tête, un bras ou une jambe bandés, retournaient dans la mêlée au grand galop, et échappaient, en se débattant, à ceux de leurs camarades qui voulaient les retenir !

La canonnade avait cessé plusieurs fois ; le feu se soutint encore après l'arrivée de l'infanterie ; mais il finit vers trois heures après midi. Nos troupes restèrent en position ; des lignes qu'on avait étendues jusque sur le revers d'un coteau, y passèrent la journée à observer l'ennemi ; tout était calme le soir ; on n'entendait aucun cri ; et après tant de bruit, de fatigue et d'exaltation, on se trouvait dans un état voisin de l'étonnement. Nous descendîmes dans le village d'Ostrowno, dont une partie avait été brûlée. Les soldats y circulaient ; on était surpris d'y voir quelques habitans qu'on employait à secourir les blessés. Quel air effrayé avaient ces pauvres gens, au milieu de tant d'hommes armés et en proie au délire de la gloire! quelles expressions pourraient rendre la contenance avec laquelle ils recevaient nos ordres?

Les hussards avaient beaucoup perdu. L'artillerie à cheval, la seule que nous eussions, avait aussi beaucoup souffert. Grand nombre de boulets tirés trop haut avaient passé par-dessus nos canonniers; d'autres avaient atteint les cuirassiers qui semblaient ne devoir pas être touchés. La plupart des blessures étaient graves, puisque la plupart étaient des blessures d'artillerie. Qu'allaient devenir les blessés? on les envoyait à la petite ville par où nous avions passé la veille ou l'avant-veille; mais que feraient-ils là? qui les nourrirait? les hommes bien portans avaient de la peine à trouver quelques ressources; cette idée faisait frémir.

Cette victoire, si l'on peut appeler ainsi le succès dans un combat aussi opiniâtre, était éclatante; mais ces lieux n'offraient aucun moyen d'en recueillir le fruit. Ostrowno était un village formé de quelques maisons enfumées et pauvres. Il n'y avait personne pour payer au courage de ces soldats le tribut d'admiration qu'ils avaient si bien mérité. On ne pouvait dresser la moindre table où l'on pût raconter

les exploits de la journée. Après de telles actions on voudrait etre tout entier à ce qu'on
éprouve; on a de la peine à détacher son attention de sujets aussi graves.

On coucha en toute confiance dans le village
que des troupes entouraient; le roi de Naples
y passa la nuit. Le lendemain matin au départ,
nous passâmes sur le champ de bataille; il y
avait encore quelques morts sur la route; mais
le plus grand nombre de ceux qui s'y étaient
trouvés avaient été jetés dans les fossés. Quelques arbres avaient été entamés ou coupés
par les boulets. Hors de la route, sur un terrain
peu large, borné par une espèce de marais qui
avait empêché de prendre les Russes en flanc
ou de les tourner, s'étaient faites plusieurs
charges de cavalerie. Le gazon y était labouré,
et là gisaient des hommes couchés dans tous
les sens et mutilés de diverses manières. Les
uns, tout noirs, avaient été brûlés par l'ex-
plosion d'un caisson; d'autres, qui paraissaient morts, respiraient encore; en s'appro-
chant d'eux on les entendait se plaindre; ils
étaient couchés ayant la tête appuyée quelque
fois sur un de leurs camarades mort depuis
quelques heures; ils étaient dans un apathie,
dans une espèce de sommeil de douleurs, d'où
ils ne sortaient qu'à regret, ne faisant aucune

attention aux personnes qui passaient autour d'eux; ils ne leur demandaient rien, sans doute parce qu'ils savaient qu'il n'y avait rien à en espérer. D'ailleurs nous trouvions ce spectacle nouveau, nous qui arrivions; mais eux qui étaient là depuis la veille, peut-être depuis le commencement de l'action, qui l'avaient vue continuer, qui avaient peut-être vu faire de nouvelles charges de cavalerie, qui avaient peut-être été foulés aux pieds des chevaux, ils trouvaient qu'il y avait long-temps; et croyant qu'on ne pouvait plus les rappeler à la vie, ils n'imploraient pas des secours déjà tant de fois refusés, ils attendaient la mort. Des lanciers prussiens parcourant les lieux où ils étaient venus fournir des charges, contemplaient d'un œil morne les restes de quelques amis qu'ils avaient de la peine à reconnaître. Dans une semblable situation on accuse la fatalité; le soldat est généreux, il n'en veut ni à celui qui le fait battre, ni à ceux contre lesquels il se bat. Çà et là étaient des chevaux renversés, des harnois rompus, des caissons en éclats, des sabres tordus, des pistolets, des fusils brisés, la terre était couverte de débris. Ces braves hussards du huitième, couchés en grand nombre parmi les morts, avaient mêlé leur sang à celui de l'ennemi.

La perte des Russes était considérable; ils avaient quatre fois plus de morts, et par conséquent quatre fois plus de blessés que nous. Nos canonniers, en passant sur la route, jugeaient avoir visé plus juste que leurs adversaires, et en devenaient plus confians dans leurs manœuvres. On quittait ce lieu avec un sentiment bien difficile à exprimer; mais qu'eût été ce sentiment, si de pareils événemens se fussent passés sur le sol de la patrie! si cette terre natale eût été saccagée de la sorte, et arrosée du sang des Français vaincus!

Un peu plus loin on reconnaissait la place où les Russes avaient pansé leurs blessés. Pendant la marche de ce jour, nous trouvâmes la route couverte de la crinière de casques ennemis.

On se tira quelques coups de fusil le soir.

Le 26 au matin, peu après le départ, le canon se fit entendre, une nouvelle action s'engagea; elle ne devait pas devenir importante, le lieu ne permettant pas de se développer; on disputait un passage. L'armée d'Italie nous rejoignit (car nous l'avions déjà en vue), les coups de fusil se succédaient sans interruption, et cependant les équipages se présentaient pour passer; on donna ordre comme la veille de les faire reculer, il en résulta plus de confusion encore : les administrations italiennes, qui ne s'étaient pas trouvées à Ostrowno, avaient pris l'alarme et l'avaient répandue jusque parmi les soldats qu'elles trouvaient sur la route.

Vers trois heures, l'empereur vint donner le coup-d'œil du maître ; aucune émotion ne paraissait sur son visage : sa sensibilité avait résisté à d'autres épreuves !

Le 27 on se battit encore ; on avança peu : le gros de l'armée arriva. Les divers corps et la garde furent placés sur les côtés de la route, dans les endroits qu'on trouvait les plus commodes ; le pays était encore coupé de gorges et couvert de bois. Le passage fut libre le surlendemain de l'arrivée de l'empereur. A l'endroit où l'ennemi avait le plus long-temps tenu, gisaient quelques fantassins russes et un nombre à peu près égal des nôtres ; le canon, d'ailleurs, n'avait pas fait grand mal : cette affaire n'avait été rien moins que meurtrière ; l'ennemi avait seulement voulu retarder notre marche.

Au sortir de ces défilés nous vîmes Witepsk à plus d'une lieue. Une colonne de fumée s'élevait de quelques magasins auxquels les Russes avaient mis le feu. Le canon tira toute la journée ; il périt beaucoup de monde devant la ville, dans une grande plaine où la cavalerie donna. Le soir, le canon cessa de tirer, la cavalerie légère passa la ville et suivit l'ennemi ; le reste de l'armée demeura en position sur des hauteurs où les deux tentes du chef furent dressées.

Le 28, la garde impériale en grande tenue partit de bonne heure pour faire son entrée dans Witepsk ; les divers corps d'armée défilèrent ; on allait lentement ; les environs et l'intérieur même de la ville étaient coupés de ravins. Witepsk a quelques maisons qui ont de l'apparence ; c'était la plus belle ville que nous eussions vue depuis Wilna, à laquelle elle n'est pourtant pas comparable ; on y trouva quelques vivres qui étaient loin de pouvoir suffire : le soir on alla bivouaquer au-delà.

Le 29 ou le 30, vers midi, notre corps d'armée qui s'était séparé du reste arriva dans une petite ville abandonnée ; nous y étions à peu près installés lorsque des officiers d'état-major vinrent dire que l'ennemi inquiétait nos avant-postes ; nous prêtâmes l'oreille un instant avec eux, et nous entendîmes, quoique peu distinctement à cause de la distance, des coups de fusil qui paraissaient être tirés dans une plaine de sable ; nous ne pûmes rien apercevoir à l'horizon. On jugeait convenable de se tenir prêts à partir, parce que nous pouvions être obligés de reculer. Un moment après, les coups devinrent plus fréquens; on sonna à cheval; la division de cuirassiers alla reconnaître ces forces qui ne parurent pas considérables; elle revint aussitôt.

Le lendemain nous nous dirigeâmes vers le lieu où nous avions entendu cette escarmouche; des hussards y étaient en védette. Des piquets de cavalerie, qui pouvaient être des patrouilles russes, rôdaient dans les environs pendant que des villages brûlaient.

Nous restâmes dix jours à ce poste; les chevaux se refirent pendant cette halte; un tiers étaient ou blessés ou tellement affaiblis qu'ils n'auraient pu soutenir plus long-temps la fatigue; lorsqu'on leur laissait manger l'épi du seigle, ils tombaient *fourbus*, c'était pour eux un poison; leurs jambes devenaient faibles, leur marche chancelante; ils étaient après peu de jours d'une maigreur extrême; tous n'en mouraient pas, mais ils restaient maigres et faibles pendant long-temps, et peu redevenaient tels qu'ils avaient été auparavant.

Un jour, le 8 août, nous entendîmes de notre village des coups de canon pendant une grande partie de la journée; ce bruit venait de trois à quatre lieues vers notre droite. Nous sûmes les jours suivans que le corps du géné-

ral Montbrun y avait eu une affaire très vive ;
l'ennemi était tombé en force sur sa cavalerie
légère, et l'avait fait reculer dé trois ou quatre
lieues. Le 9, à six heures du soir, nous reçû-
mes ordre de partir.

Il fallut d'abord rétrograder d'une lieue.
Nous passâmes dans un endroit où des déserteurs dirent que les Russes bivouaqués avaient
eu quelques jours auparavant une grande alerte
en apprenant que les Français s'approchaient.
Ce mouvement rétrograde inquiétait déjà ; nous
n'en avions pas fait encore ; les têtes travaillaient. Les Français ont peut-être à la guerre
une imagination trop vive : lorsqu'ils ont des
succès ils les exagèrent, et personne n'avance
aussi vite qu'eux ; mais lorsqu'ils ont des revers ils les exagèrent encore davantage, et alors
on voit parmi eux une funeste inquiétude mise
à la place de l'impassible et froide obéissance
nécessaire dans une armée.

Nous changions de direction. De Wilna à
Drissa nous étions allés vers le nord. De Disna
à Polotsk et à Witepsk, vers l'est à peu près :
maintenant nous marchions vers le sud-est
pour prendre la route de Smolensk.

Dans ce trajet, un parlementaire traversa
un jour le camp les yeux bandés, ainsi que
son trompette. Au commencement les Russes

saisissaient toutes les occasions d'en envoyer, et jamais pour des raisons sérieuses : ce trompette en avait déjà conduit plusieurs. Nous passâmes une petite rivière qui était sans doute la Caspla. Arrivés au bord du Dniéper, on nous dit confidentiellement que le lendemain de grand matin on devait attaquer sur toute la ligne, que l'ennemi était de l'autre côté du fleuve, et qu'il voulait livrer bataille sur ses bords. C'était d'ailleurs pour nous quelque anniversaire de victoire. Le général Nansouty, regardant sa montre, nous dit : « qu'il était « neuf heures, qu'il fallait se coucher à dix, « et se lever à deux ; que quatre heures de « sommeil suffisaient. » Il n'y avait donc pas de doute que ce qu'on nous avait dit ne fût vrai.

On était mal instruit. On passa sans difficultés. Nous entendîmes quelques coups de canon qui n'eurent pas de suite. Le soir. l'armée était réunie, et ce fut sans doute alors, autant qu'il m'en souvient, que nous vîmes passer sept ou huit pièces de canon prises le matin. (a)

En Pologne nous avions souvent trouvé des endroits où la terre mobile ondulait en quel-

______

(a) Probablement auprès de Krasnoe, dans l'affaire que le maréchal Ney eut avec l'armée russe.

que sorte sous les roues de l'artillerie et des équipages; avant Smolensk nous passâmes dans des contrées de sable où l'eau, qui avait toujours été si mauvaise, et qui nous avait aussi souvent manqué jusque là, était encore plus rare. Dans un bois où l'on nous fit rester une nuit, des milliers de fantassins, la plupart venus de deux lieues, se pressaient autour d'une citerne, d'où l'on ne retirait plus que de la boue. Au milieu du village on se portait en foule vers un puits, quoique l'incendie qui dévorait tout, et dont on sentait vivement l'ardeur, menaçât de fermer toutes les issues. Sur quelques routes la poussière étouffait, et, sans exagérer, lorsque le mouvement était précipité, on ne pouvait se voir en plein jour. Quelquefois un épais tourbillon qu'on apercevait au loin dans de vastes plaines, indiquait la marche de l'ennemi. Sur les côtés il faisait soupçonner la direction de nos divers corps d'armée : c'était la colonne de feu ou de fumée qui s'élevait au-dessus des Israélites et qui guidait leur marche dans le désert.

Cependant nous approchions de Smolensk, ville enceinte de murailles; et le prince Bagration venait d'opérer sa jonction avec le reste de l'armée russe; le succès de sa retraite tenait du prodige.

CHAPITRE IV.

Smolensk.

La journée du 16 août se passa en escar-
mouches. Le 17, l'affaire de Smolensk commença dès le matin par des roulemens de
coups de fusil partant de colonnes d'infanterie qui opéraient divers mouvemens autour
de la ville. Des décharges d'artillerie se faisaient entendre par intervalles, et grondaient
avec fracas dans les vallons d'alentour. Les
coups de fusil cessèrent l'après-midi; l'ennemi avait abandonné ses positions avancées,
et s'était retiré dans la ville; le canon continua à tirer.

D'épaisses murailles de briques de vingt-cinq
pieds de haut, flanquées de tours et munies
de pièces de gros calibre, semblaient devoir
tenir long-temps. Elles résistèrent pendant la
journée du 17, et jusques assez avant dans la
nuit, au feu le plus violent; trois ou quatre
ponts établissant une communication avec la
rive droite, en même temps qu'ils assuraient
la retraite, favorisaient l'évacuation des blessés et l'arrivée des secours. Un tiers de l'armée
formidable qui était de l'autre côté fut em-

ployé à la défense de la place. Le reste, témoin de l'action sans y prendre part, provoqua l'établissement d'une batterie de soixante pièces, qui, sous les ordres du prince Poniatowsky, les força bientôt à se mettre hors de portée. Le soir la ville brûlait, et offrait, pendant une des plus belles nuits d'été, une des plus belles horreurs qu'une armée puisse contempler. Les Russes évacuèrent ce poste le 18 à deux heures du matin.

En traversant le fleuve nous vîmes un spectacle bien capable de faire apprécier des jours coulés au sein de la paix. Des soldats qui avaient voulu fuir étaient tombés dans les rues, étouffés par les flammes, et avaient été brûlés. Plusieurs ne ressemblaient plus à des hommes : c'étaient des masses informes de chairs grillées et charbonnées, que le fer d'un fusil, un sabre ou quelques lambeaux de vêtemens trouvés à côté d'eux faisaient reconnaître pour des cadavres. Quelques malheureux habitans (quoiqu'il en fût resté bien peu) avaient éprouvé le même sort : plusieurs avaient expiré sur le seuil même de leurs portes.

Pendant qu'on descendait en foule au milieu de ces ruines embrasées où s'étaient réunis tant de désastres, on en venait aux mains à quelque distance. Un feu soutenu, et le bruit de l'artillerie, annonçaient une affaire sanglante, comme pour détourner l'attention et la porter vers un nouveau théâtre d'horreur. La nature venait d'être mise aux prises avec la mort, il restait encore des hommes; la lutte n'était donc pas terminée. Le maréchal Ney avait rencontré l'arrière-garde ennemie à Valontina, à deux lieues de Smolensk.

Nous passâmes le pont à minuit. La nuit était tellement sombre, qu'à peine pouvait-on apercevoir la route. A une lieue de la ville nous vîmes venir à nous une voiture qu'escortaient des soldats éclairés par des torches. Le général Gudin avait eu une cuisse emportée dans le combat dont nous avions entendu le feu; on le transportait à la ville avec toutes les précautions que peuvent prendre de braves soldats chargés de conserver un reste de vie à leur général mutilé au champ d'honneur. Dès qu'il fit jour, on trouva beaucoup de fantassins blessés, qui s'en retournaient vers la ville; les plus jeunes avaient perdu leur contenance martiale. Ils n'étaient plus que des hommes souffrans. Les officiers avaient une tout autre expression dans leurs traits: ceux qui ne pouvaient marcher se laissaient emporter, mais calmes comme s'ils n'eussent pas eu besoin d'efforts pour vaincre la douleur.

Le combat s'était livré sur un colline peu saillante, près d'un terrain assez bas et couvert à droite et à gauche de la route d'un bois taillis très clair; on y avait placé de l'infanterie qui avait fait pleuvoir une grêle de balles sur nos soldats lorsqu'on les avait fait avancer. Ils chargèrent bientôt à la baïonnette. Dans quelques endroits on voyait la terre couverte de Russes et de Français couchés les uns sur les autres. Ils en étaient venus jusqu'à combattre corps à corps.

CHAPITRE V.

Entrée en Russie.

LES forces principales des Russes avaient été rejetées au-delà de la Dwina et du Dniéper. La plus grande partie de la Pologne était libre. Nos troupes, affaiblies par les marches, les privations, et par cinq ou six combats dont les trois derniers avaient été à notre avantage, espéraient des cantonnemens sur les anciennes frontières du territoire polonais que Smolensk devait maintenant protéger. On n'eût pas seulement pensé que, laissant derrière lui des corps ennemis considérables qui pou-

vaient vaincre ceux qu'on leur opposerait,
l'empereur osât s'enfoncer au cœur de la
Russie pour y combattre une armée formidable qui se grossissait sans cesse de nombreuses milices, et se fortifiait de toute espèce
de secours à l'approche de l'hiver; tandis que
la sienne diminuait au contraire chaque jour,
et se voyait entièrement dénuée de tout ce
qu'il fallait pour lutter contre les rigueurs de
ces climats. C'est cependant ce qui fut arrêté
dans son esprit. Il laissa sa gauche à Polotsk;
sa droite, composée d'Autrichiens et de Saxons,
non loin du duché de Varsovie, et il s'aventura
dans la Moscovie avec le reste de ses troupes.
Smolensk était déjà un point avancé de nos
lignes, Moscou était à quatre-vingts lieues plus
loin, nous étions à la fin d'août, le moindre
revers compromettait toute la campagne. Cette
considération ne fut pas assez puissante. Il
était décidé qu'il fallait aller à Moscou. Moscou
devint dès lors le port de salut. On supporta
avec résignation les privations, les fatigues et
les dangers d'une guerre qui devenait de jour
en jour plus meurtrière, en pensant que Moscou en serait le terme; qu'on y trouverait la
paix, l'abondance et l'oubli des maux, et que
bientôt on pourrait envisager la patrie et se
livrer à l'espoir d'y rentrer. Tels étaient les

beaux rêves dans lesquels notre imagination se complaisait. Ces illusions seules pouvaient soutenir notre courage : on y croyait, parce qu'on avait besoin d'y croire. Les soldats souffrirent plus qu'ils n'avaient jamais souffert. Mais la faim, les fatigues et l'ennemi ne les effrayaient pas ; et ils ne connaissaient pas leur position. Quelle force d'âme ne fallait-il pas aux chefs qui en appréciaient tout le danger, pour les guider froidement à la victoire dans des momens aussi décisifs !

On prit donc la route de Moscou sans faire aucune disposition de défense dans les pays qu'on abandonnait, sans y préparer aucune ressource ; on le quitta comme ne devant y repasser qu'après avoir obtenu la paix.

Nous trouvions les villages encore plus dévastés et souvent brûlés ; les villes étaient désertes ; les vivres étaient encore plus rares qu'auparavant. On se battit à Dorogobouje, à Viesma, qui furent réduits en cendres, et auprès de Gjat. Le soir, le feu de la mousqueterie roulait pendant une heure avant qu'on ne prît position ; c'était toujours ainsi qu'on plaçait les avant-postes : on s'était tellement accoutumé à cette résistance, qu'on ne laissait pas pour cela de s'installer dans le voisinage pour passer la nuit.

Quelles nuits nous passions! et surtout quel réveil pour ceux qui avaient pu oublier un instant nos infortunes! on était aussitôt assailli par ces idées de famine, d'incendie, de destruction et de mort qui formaient toute notre intelligence; l'instinct de la conservation ne pouvait méconnaître des dangers si urgens, et rappelait sans cesse notre attention à ce triste sujet.

Au milieu de tant de réflexions accablantes, l'idée de la gloire avait conservé tout son ascendant et tout son prestige; ce qu'on n'a vu que chez des hommes rares et privilégiés de la nature, se réalisait ici dans toute une armée; le moral soutenait le physique; ces soldats restaient au niveau de leur renommée, le danger les trouvait toujours les mêmes, toujours prêts à le braver et à s'élever au-dessus de leur sort; en voyant tant de constance dans la valeur, l'ennemi dut souvent se demander si ces hommes étaient réellement accessibles à ce qui a tant d'influence sur le reste de l'humanité.

Mais que devait se dire celui qui les menait presque sciemment à leur perte? que devait-il se dire en voyant des hommes faire si généreusement le sacrifice de leur vie? où était sa conscience, s'il ne s'était point promis qu'il se sacrifierait pour eux au besoin , et si, au contraire, il nourrissait l'arrière-pensée qu'il pouvait un jour les abandonner?

~~~~~~

CHAPITRE VI.

Bataille de la Moskowa.

LE 5 septembre, au soir, une canonnade qui se prolongea jusqu'à l'entrée de la nuit sur une hauteur, nous parut une affaire d'avant-postes, seulement plus sérieuse que celles qui avaient lieu presque tous les jours ; c'était l'attaque d'une grande redoute d'où nous voyions partir le feu ; elle fut prise avec quelques canons ; après l'avoir examinée , nous fûmes étonnés qu'on s'en fût sitôt rendu maître.

Le 6, les troupes continuèrent à arriver et à se rapprocher de part et d'autre pour décider, à coups de canon, du sort des armées et des empires.

Le 7, à deux heures du matin, Napoléon réunit son état-major sur la redoute prise l'avant-veille , et la proclamation suivante fut mise à l'ordre du jour :

« SOLDATS !

« Voici la bataille que vous avez tant désirée ;
~~~~~~

« désormais la victoire dépend de vous, elle
« vous est nécessaire, elle vous donnera l'abon-
« dance, de bons quartiers d'hiver, et un prompt
« retour dans la patrie. Conduisez-vous comme
« à Austerlitz, à Friedland, à Witepsk, à Smo-
« lensk, et que la postérité la plus reculée cite
« avec orgueil votre conduite dans cette jour-
« née; que l'on dise de vous : *Ils étaient à cette*
« *grande bataille sous les murs de Moscou.* »

Au point du jour, des coups de canon don-
nèrent le signal de l'attaque, ils se répondi-
rent, le feu se développa et ne cessa plus ; la
direction du bruit et l'avantage du lieu amenaient un grand nombre de personnes sur la
redoute prise le 5, et d'où, regardant vers l'o-
rient, on découvrait le champ de bataille.

Le sol, qui s'inclinait légèrement à partir de
ce point et des environs, se relevait à un demi-
quart de lieue, offrant un espace considérable
coupé de trois ou quatre ravins desséchés, et
terminé par les redoutes ennemies.

A dix heures du matin, le soleil perça le
brouillard et découvrit un ciel serein ; à une
demi-lieue partaient de l'horizon couvert d'une
épaisse fumée, des lignes de feu avec un fracas
tel qu'on ne peut guère se l'imaginer. Le bruit
des canons dirigés contre nous, et la plupart

d'un gros calibre, couvrait tellement celui de nos pièces, que nous les entendions à peine, quoiqu'elles fussent plus près. Cependant des caissons sautant au milieu des rangs ennemis prouvaient que notre artillerie faisait aussi des ravages. La partie la plus avancée de notre armée couverte de la fumée des ennemis et de la nôtre, était en grande partie invisible. On établissait des batteries dans un bois taillis, et un groupe de quelques personnes, parmi lesquelles était l'empereur, s'y portait pour en diriger le feu. A gauche, l'armée d'Italie, placée sur le flanc d'un coteau, tenait en échec l'aile droite de l'ennemi. A notre droite et très en avant, une masse de cavalerie ou la plus grande partie de la cavalerie sous les ordres du roi de Naples, quittait parfois la place où elle était en repos et comme à l'abri, s'avançait brusquement vers des redoutes d'où partait un horizon de feu, et se retirait bientôt après, abandonnant un terrain nu où les boulets et la mitraille faisaient voler la poussière. Ces charges, quoique habilement dirigées, et produisant l'effet désiré, pouvaient paraître à un œil peu exercé des tentatives inutiles et par conséquent pernicieuses. A chaque instant éclataient dans divers points de ce champ couvert de tant de corps, des obus qui y portaient le ravage.

Des généraux blessés étaient portés sur les derrières, par cinq ou six soldats. Des gendarmes de la garde conduisaient quelques groupes de prisonniers noircis de fumée : des boulets tombaient souvent jusqu'auprès de la grande redoute où nous étions, et enlevaient du monde dans les rangs de réserve, tant était fort le calibre des pièces ennemies ! La garde impériale, parée comme pour un jour de fête, formait en grande partie cette réserve ; les grenadiers avaient ôté les fourreaux de leurs bonnets à poil et de leurs longs plumets rouges. Le moment était venu de ne plus rien épargner, il fallait que ceux qui succomberaient mourussent dans tout l'éclat de leurs armes, et les vainqueurs devaient compter ce jour au nombre des plus beaux de leur vie. Des officiers brillans d'or ou d'acier étaient attentifs du haut de ces retranchemens aux efforts des autres troupes ; ils dûrent plus d'une fois concevoir des craintes sur l'issue de cette bataille, en voyant qu'on avait déjà fait divers mouvemens inutiles ; dans ce moment l'artillerie de la garde reçut ordre d'avancer ; quelques officiers quittèrent leurs groupes et allèrent, avec le calme de la valeur, sacrifier leur vie à leur devoir.

A deux heures, la situation respective des

deux armées offrit une différence aussi avantageuse pour nous qu'elle était inattendue. Ces redoutes, en apparence inaccessibles, étaient presque toutes tombées en notre pouvoir; on en voyait encore partir la foudre; mais dirigées par nos canonniers, contre une redoute encore très forte, qui dominait presque toutes les autres, et qui fut prise long-temps avant le coucher du soleil. Cette occupation hâtait alors l'heureuse issue de cette sanglante bataille. Des soldats de réserve accumulés le matin autour du point d'où nous regardions, s'étaient avancés vers les lignes, laissant derrière eux un grand espace dans lequel l'œil aimait à ne rencontrer personne.

Avant la nuit le feu cessa; notre armée resta sur le champ de bataille. Les tentes de Napoléon furent dressées sur la redoute prise le 5; et le calme du soir vint permettre aux troupes accablées de goûter ce repos si doux après d'éclatans succès.

Les blessés, dont il y avait un grand nombre dans le village, furent réunis sous un hangar isolé, d'où leurs cris ne se faisaient pas entendre.

Le général Nansouty avait été blessé dès le matin. Sous le toit où on l'avait déposé venait de mourir le général Montbrun, qui avait reçu le matin un biscayen dans le ventre. Guidant naguère nos colonnes aux rives du Tage, il expirait sur celles de la Moskowa. Auprès de sa porte, gisait étendue sans connaissance, la femme d'un de ses serviteurs, mort comme lui dans cette journée.

Le soir on racontait les exploits les plus marquans; on parlait de la valeur avec laquelle s'étaient conduits les chefs; tout le monde s'accordait à donner les plus grands éloges au roi de Naples.

Des cuirassiers du cinquième régiment étaient entrés à cheval dans une redoute, avaient sabré les canonniers et l'infanterie qui s'y trouvaient, et frayèrent ainsi la voie à nos fantassins, pour s'en rendre maîtres. On convenait que l'ennemi s'était retiré en bon ordre; qu'on avait vu le soir ses lignes défiler sans aucune précipitation, quoiqu'il eût beaucoup perdu.

Le lendemain matin on visitait le champ de bataille. Dans un enfoncement, auprès d'une église entourée de quelques chaumières, qui étaient sans doute le village de Borodino, des soldats autour de leurs bivouacs semblaient déjà ne plus penser à leurs succès, comme si ce jour ne dût être marqué dans l'histoire qu'au rang des actions ordinaires. Dans les quartiers de l'artillerie, l'enclume résonnait sous les coups redoublés du marteau, pour réparer les pertes de la veille. Des blessés venaient, de la main qui leur restait libre, prendre avec leurs camarades des alimens que l'amitié la plus pure leur offrait. Des caissons d'ambulance établis dans des ravins, étaient entourés de blessés mourans. Ceux qui avaient pu marcher étaient allés joindre leurs amis.

On trouvait des morts bien avant d'arriver aux redoutes, et surtout au-delà des premières. Devenus maîtres de celles-là, nos canonniers avaient tiré avec avantage sur les autres et sur les troupes qui s'y réfugiaient. C'était là qu'on voyait des cuirasses brunes enfoncées dans les poitrines des Russes, des uniformes blancs percés d'une grande ouverture noirâtre ; là étaient entassés des morts d'un aspect effrayant, par la manière dont ils avaient été frappés. Des chevaux énormes faisaient des efforts pour se relever, et retombaient aussi-tôt, quelquefois sur des mourans qui les entouraient. Des malheureux laissés dans les ravins, traînaient une cuisse qui tenait à peine, et s'approchaient, peut-être depuis la veille, d'un peu d'eau qu'ils avaient aperçue, pour calmer la soif allumée par la douleur. D'autres cherchaient seulement à s'éloigner, et croyaient échapper à la mort en fuyant des lieux où elle régnait avec toutes ses horreurs. Ce n'était que débris de chariots, de caissons, qu'armes brisées et éparses, sur un sol ensanglanté!

A un spectacle si propre à présenter les rois sous un jour peu avantageux, on serait tenté de se demander si c'est pour en user ainsi qu'ils ont reçu des empires; si c'est pour faire de leurs semblables les victimes d'une ambition qui n'est au fond qu'un froid égoïsme, et devant laquelle tout se tait, jusqu'à la susceptibilité des remords.

En m'avançant dans des broussailles, je trouvai un fantassin qui venait à moi, et qui me dit de ne pas aller plus loin, que nos avant-postes étaient à peu de distance. La cavalerie avait passé la nuit dans l'intervalle des redoutes; les chevaux souffraient la faim sur ce terrain nu. Quelquefois, non loin des feux des bivouacs, on roulait sous ses pieds, sans y réfléchir, des obus qui n'avaient pas éclaté. Les officiers, satisfaits de la nouvelle gloire qu'ils venaient d'acquérir, renouaient dans de vifs entretiens des liens d'amitié qui avaient été si près d'être rompus par le sort des combats. Le temps était redevenu sombre; la tristesse semblait répandue jusque dans l'air. Il ne fallait rien moins que la gaîté française pour tenir contre de pareilles épreuves. Que ce jour devait être triste pour les vaincus!

On avait pris dans cette journée quarante ou cinquante canons. (Il y en avait vingt-cinq dans une seule redoute, et on avait pris quatre ou cinq redoutes). Il était resté sur le champ de bataille, de douze à quinze mille morts, d'après l'estimation de militaires qui avaient l'œil exercé. Au bruit de tant d'artillerie, on aurait pu croire que la moitié des combattans avait péri. Il faut beaucoup d'habitude dans une action pour ne pas s'en laisser imposer par le bruit; c'est nécessaire. Cependant, pour juger sainement ce qu'on aura de la peine à croire, et que je n'aurais pas cru moi-même si je ne l'avais pas vu, c'est qu'il y avait au moins quatre Russes pour un Français. On compte ordinairement trois fois plus de blessés que de morts; ainsi le calcul est facile. On fit peu de prisonniers de part et d'autre. (2)

Les cuirassiers russes ressemblent assez aux cuirassiers westphaliens ou saxons. Il y eut un moment de méprise. Les cuirassiers français chargèrent les cuirassiers saxons ou westphaliens; mais cette erreur ne dura pas.

On disait que si le soir Napoléon eût mis la cavalerie de sa garde à la poursuite de l'ennemi; que s'il ne lui avait pas donné le temps de se refaire après cette journée, il aurait détruit la moitié de ce qui restait de l'armée russe, avant qu'elle arrivât à Moscou (3) : c'était plus proposable alors qu'après l'affaire de Smolensk. (4)

Le 8 et le 9 on manœuvra sur la gauche de l'ennemi; il hâta sa retraite, et le quartier-général de notre armée entra le 10 au matin à Mojaïsk, distant de deux ou trois lieues du champ de bataille. Cette ville avait été traitée par les Russes comme celles que nous avions déjà traversées; c'est-à-dire qu'elle était en partie brûlée et dépourvue de tout. N'ayant pu tenir contre notre avant-garde, qui lès avait attaqués avec vigueur, ils s'étaient éloignés en laissant quelques blessés à Mojaïsk, où les nôtres furent ensuite transportés. Nous trouvions sur la route plusieurs soldats russes morts pendant ce court trajet, et dès les jours suivans on se tira le soir quelques coups de canon aux avant-postes.

Quel plaisir de voir sur les poteaux de la route, qui marquaient les distances; sur ces poteaux dont les chiffres nous effrayaient au commencement, que nous n'avions plus que cinquante, quarante, trente werstes à faire pour arriver à Moscou! L'abondance allait re-

venir, nous allions être dans une capitale,
nous allions reprendre des habitudes agréables dont nous commencions presque à perdre le souvenir; car les idées qu'on a dans le
repos s'étaient effacées de notre esprit; nous
ne savions plus à quel jour du mois ni de la
semaine nous étions; nous ne pensions plus
qu'il y eût ni fêtes ni dimanches; nous aurions
pu presque oublier que la terre fût encore ha-
bitée, tant nous avions parcouru de pays déserts ou abandonnés. La paix allait donc se
faire : envisageant la patrie, dont l'idée ne
peut jamais se séparer de celle du bonheur,
nous avancions aussi satisfaits qu'étonnés d'a-
voir pu arriver au port à travers tant d'écueils.

Des livres français, trouvés dans une maison
où nous passâmes la nuit, me firent une impression que ne m'avaient jamais causée nos
chefs-d'œuvre littéraires. Il faut se trouver dans
une position pareille pour comprendre quelles
idées ils réveillèrent en moi!

CHAPITRE VII.

Moscou.

Nous étions auprès de Moscou ; notre corps d'armée allait y arriver le premier ; les cuirassiers s'avançaient, précédés de quelques escadrons, restes de notre division de cavalerie légère, forte de près de trois mille hommes au commencement de la campagne. (5)

D'une hauteur nous découvrîmes, à deux lieues dans la plaine, l'antique capitale des Czars, et le nom de Moscou circula dans ces rangs affaiblis par tant de travaux, mais fortifiés de tant de gloire, comme celui de Jérusalem était autrefois répété avec un religieux enthousiasme par les Croisés. Tout paraissait tranquille à Moscou. On n'entendait tirer aucun coup de fusil, rien n'annonçait d'incendie, et l'idée de cette paisible occupation nous eût transportés de joie, si on eût pu s'y livrer sans inquiétude.

Mais en considérant cette immense cité comme le terme de nos maux, on ne pouvait se défendre d'un sentiment pénible. Le salut de notre armée tenait à sa conservation : il ne fallait que la détruire pour que nous eussions fait inutilement cette horrible campagne; pour que nous trouvassions tous, au lieu de la paix dans cette capitale conquise, la plus affreuse mort au milieu d'un désert. Placé entre les mains de quelques fanatiques religieux ou politiques, combien notre sort devenait incertain !

Près d'entrer, l'empereur s'arrêta comme pour attendre quelque députation. Cinq ou six personnes du peuple que des officiers polonais lui amenaient, étaient loin de pouvoir soutenir la dignité de ce rôle qu'on pouvait cependant entreprendre de leur faire jouer aux yeux de l'Europe. Il n'y avait guère là de quoi flatter l'amour-propre du vainqueur. Nous entrâmes dans Moscou le 14 septembre après midi.

D'abord peu satisfaits de voir encore de pauvres maisons en bois, nous dûmes revenir de cette première impression à mesure que nous avancions. On ne rencontrait que quelques hommes de la basse classe, dont plusieurs avaient cru de leur devoir de mettre une cocarde tricolore, et de se tenir au coin d'une rue avec une vieille arme au bras. Peu de personnes se montraient aux fenêtres.

Toutes les issues furent occupées par des postes d'infanterie. La cavalerie qui était en-

trée dans la ville, la traversa, et fut prendre
position au-delà, marchant pour ainsi dire à
côté des cosaques qui l'évacuaient sans qu'il
vînt dans l'idée de se battre, tant on croyait
que la guerre était finie. Une autre partie de
la cavalerie passa la rivière au gué, et alla se
poster vers le nord de Moscou.

Le lendemain, la garde impériale et les divers corps d'armée y entrèrent. Napoléon vint
occuper le Kremlin. On vit ce jour-là une
épaisse fumée s'élever d'un seul point. On ne
dut d'abord concevoir aucune inquiétude. Le
lendemain le feu n'était pas éteint, il paraissait au contraire plus violent. On pillait les
magasins et les maisons que le feu menaçait.
Bientôt il éclata dans divers quartiers, et l'on
fut obligé de s'avouer que la ville allait être
dévorée par les flammes.

Le 18, notre corps d'armée qui était hors
des faubourgs du côté du nord, reçut ordre de
se porter au sud-est sur le chemin de Saint-
Wladimir. Nous traversâmes Moscou. L'incendie était alors considérable, beaucoup de maisons avaient été brûlées. Dans une grande rue
bâtie en bois, par où nous entrâmes, on ne
rencontrait que des militaires qui faisaient
apporter dans leurs bivouacs, par des hommes
du peuple, des provisions de toute espèce.

Nous passâmes dans des quartiers mieux bâtis
où d'énormes boules dorées qui surmontaient
les dômes des églises, si elles n'offraient les
formes de la belle architecture, avaient au
moins un air d'opulence. Dans des rues iso-
lées on voyait des flammes sortir des fenêtres,
et dévorer en silence l'ouvrage de tant de
siècles qu'on leur abandonnait. Personne ne
cherchait à arrêter les progrès du feu ; la plupart des maisons étaient fermées. Le roi de
Naples avait changé trois fois de logement.
Nous étions alors devant celui qu'il occupait,
et il était déjà entouré de flammes. Qu'opposer
à un semblable fléau qui avait fini par éclater
sur tous les points à la fois ? On fusillait tous
ceux qu'on trouvait la torche à la main ; et
cette mesure, qui pouvait être efficace, ne produisit cependant aucun effet. Ce feu destructeur était favorisé par un vent de sud-ouest
que nous pouvions regarder comme celui de
la colère céleste ; il continua ses ravages. Éloignés de Moscou, nous reconnûmes pendant
huit jours l'emplacement de cette ville, à un
épais nuage de fumée qui s'élevait de l'incendie, et obscurcissait le jour ; la nuit, on voyait
luire une clarté non moins sinistre que la
lueur de ces comètes où les peuples ont souvent voulu voir d'affreux présages.

Telle d'un rouge ardent, lugubre, ensanglanté,
La nuit, dans l'air brûlant, la comète étincelle.
Delille, Énéide.

Cependant des provisions que nous apportions de Moscou réparaient nos forces dans les bivouacs. L'abondance, si long-temps désirée, pouvait seule nous distraire d'un événement aussi grave et aussi fatal. Toujours accessibles à l'espérance, nous nous livrions au sommeil comme si nous avions dû nous réveiller pour un meilleur avenir.

Centre d'un immense commerce, offrant réunis le luxe asiatique et les mœurs de l'Europe, Moscou était une ville florissante. Des maisons spacieuses avec de vastes cours et des jardins y offraient un genre de liberté qu'on trouve si rarement dans les cités populeuses. Quelques belles maisons blanches, avec des façades à colonnes, contrastaient agréablement avec des édifices sombres qui avaient vu passer les siècles et les nations. Ce monument de la puissance tartare, dont le front superbe dominait cette capitale long-temps malheureuse (a), était devenu, depuis la destruction de l'ennemi qui l'avait érigé, un trophée des Russes, et ne semblait plus destiné qu'à la

(a) Le Kremlin.

protection de leurs arts et de leur culte réunis autour de lui. Mais ces peuples se sont vainement confiés dans ce palladium des peuples. Poussés d'un point éloigné de la terre, des soldats sont venus fondre sur ce berceau de leur société, et Moscou a disparu pour ne pas devenir encore une fois un instrument d'oppression. Vous qui naquîtes dans ses beaux jours, et qui vécûtes dans sa paisible enceinte, venez le reconnaître sous cet amas de cendres et de ruines!.... Ah! si jamais l'Athènes des temps modernes, si cette capitale que nous pouvons à juste titre regarder comme celle du monde entier, si Paris devait éprouver le même sort!... Cette réflexion devait naturellement se présenter à l'esprit, après le spectacle qui venait de frapper nos regards!

Des lieux témoins d'un si grand désastre, qui pouvait sans amertume jeter un coup-d'œil sur l'Europe? que dis-je! sur le monde, vaste théâtre de nos exploits, et pour en suivre le cours, se transporter en Afrique, au pied des pyramides et au milieu des sables brûlans du désert; en Asie, autour des vieux murs de Gaza, de Jaffa, de Césarée et de Saint-Jean-d'Acre; en Amérique, dans les fatales plaines de Saint-Domingue! Dans tous ces lieux l'ambition avait laissé des traces déplorables de son passage. Cadix, Valence, Saragosse, fumaient encore. Les rives du Danube, de l'Elbe, de l'Oder et de la Vistule, avaient été les malheureux champs d'une riche moisson de gloire. Une traînée de feu et de sang marquait la route récente de Kowno à Moscou : ces campagnes désertes étaient jonchées de cadavres; les villes étaient réduites en cendres. Le génie de la guerre avait porté partout la destruction et la mort!

Nous nous éloignions lentement de Moscou. Au bout de huit jours (le 24 septembre), nous n'en étions pas à plus de douze lieues. Le roi de Naples venait dans les premiers jours visiter les avant-postes, et s'en retournait le soir. Il était convenu, disait-on, avec le général qui commandait les cosaques de l'arrière-garde, de ne pas s'inquiéter réciproquement, que les affaires d'avant-postes ne pouvaient plus avoir aucun résultat, qu'ils avaient besoin de repos aussi-bien que nous. On parlait de paix, et dans cette idée, nous restions en pleine sécurité à la portée des cosaques. Nous rêvions à des cantonnemens; l'ordre de les prendre ne pouvait tarder à arriver; on nous assignerait un village. Nous désirions que ce fût celui où nous étions : une grande partie des paysans y étaient restés. On établirait une espèce de police pour gagner leur confiance, afin qu'ils engageassent les autres à revenir. On passerait l'hiver dans ces petites chaumières, et l'on s'y voyait heureux par avance, puisqu'on y trouvait des subsistances et du repos. Quant à la patrie, on tâcherait de l'oublier !

Au printemps, mettant les choses au pis, la guerre recommencerait, et nous serions vainqueurs ; mais ici commençait le vague et l'incertitude, et nous ne pouvions qu'à peine former des conjectures.

Un officier vint apporter l'ordre de partir pour se mettre à la poursuite de l'ennemi. (Ce n'était pas se battre.) Le général en avait perdu la trace. On parlait d'une dame qui avait donné quelques renseignemens sur la route qu'il avait tenue. Nous partîmes le 24.

Pendant une marche de flanc, des cosaques postés dans des bois prirent quelques uns de nos équipages. Nous parcourions un pays inégal, coupé de bois, où la cavalerie ne pouvait que rarement se déployer. Aussi, peu de monde nous arrêtait. Le prince Poniatowski, à la tête de l'infanterie polonaise, avait chaque jour des engagemens avec les Russes. Mais, quoique le canon ne cessât presque de tirer de

toute la journée, ces affaires n'étaient nullement sérieuses.

Nous traversâmes le village de Woronovo,
où tout était dévasté. Dans le château, le roi
de Naples trouva sur une cheminée, ou contre
un mur, un écriteau où il était dit que cette
maison appartenait au comte Rostopchin,
gouverneur de Moscou, qui y avait mis le feu
lui-même, afin qu'aucun Français ne vînt la
souiller par sa présence : elle était en effet
presque toute brûlée. Nous n'étions pas irrités
contre les Russes ; nous pensions que les militaires de cette nation n'en voulaient pas non
plus aux Français ; ils ne devaient voir dans
leurs ennemis que des soldats qui, dans ce
moment, étaient les plus forts, comme de
leur côté les Français rendaient justice aux
Russes, dont ils étaient les vainqueurs.

J'ai vu plus tard, lorsque j'ai mieux connu
la noblesse de Russie, que l'orgueil blessé
et une habitude de sentimens exagérés, qui
font la force de leur pays à défaut de lois,
pouvaient les porter aux actes les plus violens,
sans aucun calcul des suites. Que le village de
Woronovo fût brûlé ou non, les événemens
devaient être les mêmes ; mais j'ai compris
par la suite que le comte de Rostopchin aurait
regretté toute sa vie de l'avoir laissé intact.

C'est ainsi qu'ils ont brûlé Moscou ; ils au--
raient pu l'évacuer ; et s'ils voulaient en faire
le sacrifice, ils auraient pu le défendre, et
nous le faire acheter bien cher. Ils ont trouvé
plus beau de la détruire, sans faire la réflexion
que dès que nous y étions entrés , il était de
leur intérêt que nous y restassions ; car si nous
y fussions demeurés deux mois de plus, il ne
se serait certainement pas sauvé un seul
homme de toute l'armée française ; la retraite
étant alors impossible, le manque de vivres,
de fourrages, de bois, dont Moscou doit s'être
approvisionné au commencement de l'hiver, aurait tout forcé à capituler ; et cependant quelle
perte pour l'état, que la destruction de cette
ville ! que de fortunes ! que d'objets d'arts !
que de matériaux pour l'histoire de la nation
ont été anéantis ! quel retard pour la civilisation !

Le 6 octobre au soir nous arrivâmes à Tarontin, à quinze lieues de Moscou, du côté de
Kalouga. On se battit comme de coutume
avant de prendre position. On était déjà in-
stallé dans les bivouacs, lorsqu'on entendit tout
à coup sonner à cheval. Ce fut presque une
alerte ; notre corps partit à la hâte, et s'avança
vers le coteau dont nous n'étions séparés que
par un ravin , pour repousser les cosaques qui

venaient en nombre. On fournissait souvent des courses inutiles contre eux; ils se retiraient devant notre cavalerie qui ne pouvait plus faire de charges, tant les chevaux étaient ruinés, et ils couraient après dès qu'elle revenait sur ses pas.

Le lendemain, et pendant deux ou trois jours, la cavalerie était à cheval à cinq heures du matin, c'est-à-dire avant le jour; les équipages se retiraient à une demi-lieue sur les derrières, parce qu'on s'attendait à être attaqué; mais l'ennemi ne vint pas, et on ne prit plus cette précaution, si ce n'est une fois encore vers le 12 ou le 15, et ce fut encore inutilement.

Nous étions dans un pays couvert; mais la place que nous occupions était assez libre. Sur des collines couronnées de quelques bouquets de bois, nous pouvions voir à une assez grande distance des détachemens de nos troupes qui tenaient la même ligne. Placés auprès du bivouac du roi de Naples, un coteau nous bornait la vue à un quart de lieue vers le sud-est, et terminait là notre horizon. Nous y voyions tous les jours placer les vedettes. Sur le revers de ce coteau était dans un village le quartier-général de la cavalerie légère, d'où nous voyions partir les pelotons qui allaient faire des reconnaissances et relever les postes. Nous en étions séparés par un ruisseau peu profond, et presque desséché, le long duquel bivouaquaient notre corps d'armée, celui du général Grouchy, de l'infanterie polonaise, et le deuxième corps de cavalerie, formé en grande partie par les carabiniers. Nous entendions toute la journée des coups de fusil tirés dans les camps des Russes, où sans doute on exerçait des recrues.

Le surlendemain, ou le quatrième jour de notre arrivée dans ce bivouac, le bruit se répandit qu'on venait de signer une suspension d'armes; cette nouvelle dont on aurait craint de découvrir la fausseté en remontant à sa source, était reçue par tout le monde avec un transport aveugle. Mais ces espérances ne purent se soutenir : il y avait bien eu quelques négociations, mais ce n'avait été de la part des Russes qu'un moyen de nous amuser.

Nous n'avions trouvé en arrivant à cette place que les cendres d'un village encore fumantes; quelques fourrages découverts à une lieue, sur les derrières, suffirent pendant les premiers jours à la nourriture des chevaux. Mais ensuite il fallut aller plus loin; on y était entouré par les cosaques; on fut obligé de se former en troupe, et bientôt de prendre des canons. Vers neuf heures du matin, les deux tiers de la cavalerie, force principale de cette avant-garde de l'armée, partaient en corps pour aller au fourrage, armés comme pour aller au combat. Ces troupes n'étaient de retour que vers trois ou quatre heures de l'après-midi. Ainsi, le camp restait toute la journée exposé à un coup de main de la part des Russes. Les chevaux, doublement chargés du cavalier et de quelques gerbes de blé, rentraient harassés de fatigue, et étaient obligés le lendemain, sinon de recommencer la même course, du moins de faire le service. Aussi en mourait-il beaucoup. Quelques jours d'un vent froid avec du givre et du verglas, les éprouvèrent jusqu'à leur donner une espèce de tremblement habituel. En se promenant autour des bivouacs, on ne voyait que des chevaux morts.

Les vivres manquaient; il n'y avait que les personnes qui avaient des équipages qui pouvaient avoir conservé des provisions, qu'elles avaient prises en passant à Moscou; encore avaient-elles eu le temps d'en consommer la plus grande partie. Les soldats n'avaient rien, pas même de viande dont on n'avait jamais manqué jusque là. Ils mangeaient du seigle bouilli dans de l'eau, sans pain, sans sel, sans aucun assaisonnement. Quelques Polonais voulaient essayer de moudre du blé avec un moulin à bras, qu'ils avaient trouvé (a); ils épuisaient leurs forces, et le vent emportait en grande partie le résultat de ce pénible travail.

Moscou était trop loin. Les communications avec cette ville étaient à peu près interceptées par les cosaques. On ne pouvait y aller qu'en force. C'était un voyage au moins de cinq ou six jours pour aller et venir; et puis, était-on sûr d'y trouver des vivres? on entendait dire que des domestiques et des soldats qui étaient allés depuis deux ou trois jours dans les environs, pour chercher quelque subsistance, n'étaient pas revenus. Quelquefois il en arrivait un ou deux qui racontaient comment ils avaient eu à se battre contre des cosaques ou des paysans réunis dans des bois; comment ils avaient été séparés de leurs camarades qui avaient été pris ou tués; souvent eux-mêmes ne rapportaient rien. Chaque régiment se mit sur le pied de fournir un détachement qui se réunissait à d'autres, et tous ensemble allaient aux vivres sous la conduite d'un capitaine ou d'un chef d'escadron. Avant le jour, lorsque la

----

(a) Ces moulins, en usage en Pologne surtout, consistent en deux pierres qu'on fait mouvoir l'une sur l'autre.

fatale trompette sonnait, des hommes affamés allaient avec ce qui restait de leurs chevaux, se répandre dans des campagnes dévastées, et jusque dans les lignes ennemies, pour trouver de quoi calmer le tourment qui les dévorait. On espérait de ces expéditions et de quelques convois qu'on avait envoyés à Moscou; mais toutes ces tentatives échouaient successivement, et chaque jour, au lieu de combler nos espérances, venait les détruire.

L'inspecteur aux revues, avec lequel nous vivions, avait un sac de farine qui était bien ce qui lui tenait le plus à cœur. Une nuit on vint le lui voler dans ses équipages, quoique deux cuirassiers qu'il avait avec lui fussent pour ainsi dire couchés dessus.

Plus heureux que beaucoup d'autres, nous mangions du riz; nous maudissions la nécessité où nous étions de consommer sans bouger de place ce qui aurait pu nous servir pendant une longue route. Mais quand cette ressource serait épuisée, qu'allions-nous devenir? Heureusement, les rigueurs de la saison n'ajoutaient pas encore à ce que nous souffrions: excepté les deux ou trois jours de froid dont j'ai parlé, il avait toujours fait beau; le soleil paraissait toute la journée; et la nuit, de grosses pièces de bois que nous faisions amener de loin avec nos chevaux, entretenaient un feu devant lequel, avec le moindre abri, nous ne ressentions pas le froid.

Il arrivait quelquefois, pendant ces longues courses, à plusieurs d'entre nous, de se trouver couchés à la renverse comme un de nos célèbres voyageurs, et contemplant par une belle nuit ces points lumineux, dont la voûte du ciel est semée, et qui éclairent l'infini. Que la terre se rapetissait quand l'esprit s'arrêtait aux réflexions que devait inspirer un pareil spectacle ! Comment s'arrêter alors aux êtres éphémères qui la peuplent, à ces folles entreprises, calculées comme s'ils devaient durer autant que les soleils ! Qu'on prenait en pitié leurs agitations ! qu'on avait honte de se trouver parmi des fous qui allaient si gravement tourmenter les autres, et qui se donnaient tant de peine pour disparaître plus tôt de la scène du monde !.....

Nous nous réveillions couverts de rosée, de gelée, en attendant la neige et de plus cruels frimas ; en attendant le sommeil définitif....

On parlait de Moscou : que disait-on à Moscou ? pourquoi l'empereur nous laissait-il dans ce lieu ? savait-il comment nous y étions ?.... On rapportait que le maréchal Bessière lui ayant un jour fait observer que les Russes s'étaient

refaits pendant ce repos, sa majesté avait gaî-
ment dédaigné cet avis. Le général Domon fut
envoyé vers lui, par le roi de Naples, pour
quelque mission. L'empereur lui demanda comment allait la cavalerie légère. Le général voulut être sincère, et répondit qu'elle allait mal.
L'empereur lui tourna le dos et ne le regarda
plus. Quelqu'un encourut sa disgrâce pour
avoir osé dire qu'on mangeait du cheval aux
avant-postes. Le roi de Naples s'emportait
chaque jour contre lui, de ce qu'il s'obstinait
à nous laisser dans ce repos destructeur, malgré ses représentations.

Napoléon avait reçu la nouvelle que les Anglais étaient à Madrid ; bien sûr qu'elle se ré-
pandrait, il l'annonça à la parade, en disant
qu'il ferait lui-même la campagne prochaine.
Un autre jour qu'il distribuait des croix d'honneur, un colonel témoigna quelque surprise
sur le petit nombre de celles destinées à son
régiment. « C'est bien assez, répondit-il, pour
« le résultat de la campagne. » Ce mot décelait
qu'il n'était pas aussi satisfait qu'il voulait le
paraître quelquefois. Il est vrai que s'il eût dit
qu'il ne comptait plus d'armée russe, il n'eût
pas été le seul de cette opinion ; nous étions
nous-mêmes dans la plus grande sécurité fondée sur l'habitude plutôt que sur la raison.

Mais qu'allions nous devenir? voilà l'idée dont on ne pouvait se débarrasser. Est-il rien de plus affreux qu'une pareille situation lorsqu'on a le temps d'y réfléchir ! Nous voyions que nous n'aurions pas la paix ; nous sentions que rien ne pouvait forcer les Russes à la faire ; nous allions être obligés de nous retirer sans traité. Et quelle perspective que celle de recommencer des marches d'une aussi pénible longueur avec une armée dont nous connaissions tous le mauvais état ! Cette réflexion était si effrayante que nous ne pouvions nous y arrêter, surtout en voyant que l'hiver approchait : nous ne croyions presque plus dès lors à la possibilité d'une retraite.

CHAPITRE VIII.

Attaque imprévue des avant-postes ; captivité ;
retraite.

Le 18 octobre, au point du jour, nous fûmes réveillés par un coup de canon qui fit sensation après tant de jours passés dans le silence de l'artillerie : nous l'accueillîmes comme un signe de départ ; mais bientôt des coups de fusil et une seconde détonation beaucoup plus

rapprochée, annoncèrent une vive attaque de
la part de l'ennemi. Nous nous levâmes préci-
pitamment. Sur le coteau qui bornait notre vue,
une ligne de feu s'avançait vers nous : à notre
gauche, des troupes qui avaient aussi été sur-
prises, reculaient poursuivies à coups de canon dont la fumée les atteignait presque.
On sonna et on cria aussitôt à cheval; mais
les chevaux étaient nus, et les armes étaient
alignées en faisceaux dans tous les bivouacs.
Le feu avançait rapidement; des coups de pistolet éclataient de toutes parts; des cosaques
galopaient déjà en grand nombre sur les bords
du ravin à deux cents pas de nous, ayant de
beaucoup dépassé notre cavalerie légère. Le
coteau était couvert de monde qui se portait
en arrière en tout hâte, et surtout de cavaliers
qui, n'ayant que des chevaux de pays, ne pouvaient prendre place dans les rangs : on se re-
tira vers le lieu qui avait été assigné dans le
commencement; mais comme l'ennemi avait
eu le temps de nous observer, ces bois étaient
déjà occupés par des cosaques qui fondaient
sur nous. Je fus alors fait prisonnier. En passant sur une des extrémités du champ de bataille près du lieu où je venais d'être pris, ils
perçaient de leur lance, du haut de leurs chevaux, des soldats qu'ils voyaient étendus par

terre, et qu'ils soupçonnaient de feindre la mort;
je n'en vis pas remuer. Déjà le feu paraissait
moins vif, soit parce que nous nous éloignions,
soit qu'on résistât moins, car on n'était guère en
état de se défendre avec avantage. Les Russes
avaient employé presque toutes leurs forces à
cette attaque, et les Français n'étaient pas plus
de dix mille hommes, dont la plupart, démon-
tés et surpris, avaient perdu armes et bagages
avant de pouvoir se reconnaître.

Ces cosaques nous conduisirent dans des
bois où nous voyions paraître des figures peu
rassurantes. Les désastres de Moscou étaient
récens; le peuple et l'armée russe croyaient
que c'était les Français qui avaient brûlé cette
ville; je ne savais trop ce qu'ils allaient faire
de moi, d'autant plus qu'ils me prirent d'abord
pour un Polonais; ils se contentèrent de ma
dépouille.

Nous étions étonnés de voir des paysans
dans les villages; à la manière dont ils saluaient
les cosaques du plus loin qu'ils les aperce-
vaient, on pouvait comprendre que ceux-ci
ne les traitaient pas tout-à-fait en frères. Nous
trouvions des gens du peuple dans un état voisin de l'ivresse, qui ayant pris des armes se
montraient disposés à commettre toute espèce
d'horreurs. Un de nous abordant un officier

de cosaques, se déchaîna contre Napoléon. Enfin nous arrivâmes au quartier-général des avant-postes; une vingtaine de nos canons et autant de nos voitures y étaient déjà en ligne. Il faut peut-être avoir appartenu à une armée pour concevoir l'impression que firent sur nous ces preuves irrécusables de nos pertes. Quelques soldats français blessés étaient sous la garde d'une sentinelle, couchés les uns sur les autres. Un enfant de quatorze à quinze ans, avec une boîte d'onguent à la main (c'était un chirurgien à la manière des cosaques), venait voir si quelques uns des lambeaux qu'ils avaient encore pouvaient lui convenir, et les leur faisait ôter. On m'emmena dans une grange où je trouvai une trentaine d'officiers de cavalerie prisonniers, presque tous blessés. A l'entrée de la nuit, en partant pour le grand quartier-général, nous rencontrâmes une colonne de cavalerie de dragons qui allait vers le champ de bataille, et qui nous parut dans un bel ordre. Il y avait long-temps que nous n'avions vu de chevaux en si bon état. La nuit, nous fûmes croisés par de l'infanterie qui avait donné le matin, et que la prudence ramenait au camp. Les Russes n'étaient pas encore sûrs de la durée de leurs succès : la colonne que nous vîmes passer était considérable; il n'y avait pas moins de douze à quinze mille hommes ; en regardant le bout de leurs armes au-dessus de leurs têtes, on pouvait voir que la moitié, peut-être, de ces soldats, avaient des piques au lieu de fusils ; ceux-là étaient au second rang pour renforcer la ligne.

Les feux de l'armée ennemie occupaient une étendue considérable sur un coteau vers lequel on nous dirigeait ; on nous fit arrêter dans la plaine pour y passer la nuit : au point du jour nous ne fûmes pas peu surpris en voyant dans les mains de quelques hommes qui venaient abreuver des chevaux, les signes non équivoques de l'abondance qui régnait dans l'armée russe ; je considérai, peut-être avec plus d'étonnement encore, un homme qui au bord de la rivière, tourné vers l'orient, ne cessait de faire des signes de croix et de profondes inclinations, comme s'il eût salué le soleil ; c'était un paysan russe qui faisait sa prière. En montant vers des hauteurs qu'une multitude d'hommes travaillaient à fortifier, nous rencontrâmes beaucoup de chevaux de trait qui pouvaient donner une idée avantageuse de la situation du reste de l'armée. Le matériel de l'artillerie nous parut considérable ; tant de canons devaient gêner dans une retraite ; nous ne jugions que d'après nos moyens de transport, ne connaissant pas ceux des Russes. On venait avec curiosité sur les bords de la route voir passer les prisonniers.

A ce quartier-général on avait réuni beaucoup de recrues, beaucoup de ces hommes qui ne font pas la force d'une armée ; des soldats de la milice, en costume de cosaque, avaient sur le devant de leurs bonnets une croix et le chiffre d'Alexandre, ce qui annonçait qu'ils se croyaient armés pour la religion comme pour le souverain ; et cela pouvait être pour nous le motif d'une nouvelle crainte ; je frémis plus d'une fois dans la suite en voyant ces nouveaux soldats devancer nos conducteurs, s'arrêter devant toutes les églises pour faire des signes de croix et de grandes inclinations.

Des officiers vinrent s'entretenir avec nous devant la porte de la petite maison où nous étions entassés ; presque tous parlaient français avec une étonnante facilité ; la plupart, encore jeunes, avaient l'ardeur de leur âge au lieu du calme et de l'assurance de nos militaires. Ce petit succès, à l'aide du nombre et de la surprise, leur avait fait tourner la tête ; ils nous disaient que notre campagne était finie et qu'ils allaient commencer la leur. Sachant quelle était la faiblesse de notre armée, nous croyions sentir mieux qu'eux la valeur de ce qu'ils disaient; mais ils connaissaient leur climat, et il ne leur en fallait pas davantage pour savoir que nous étions perdus.

On donna une capotte et une paire de bottes à chacun de nous. Un chef d'état-major prisonnier vint apporter à chaque officier de son corps (le deuxième corps de cavalerie), six ducats de la part du prince Koutouzow, qui en agissait envers les prisonniers avec toute la générosité et toute la grandeur d'âme qu'on peut attendre d'un homme d'un mérite supérieur. Il régnait entre tous les officiers russes que nous vîmes une espèce de fraternité qui annonçait un bon esprit dans une armée, et qui devait produire de belles actions en campagne. Nous partîmes satisfaits des Russes, sous la conduite d'un officier dont nous n'eûmes pas à nous plaindre : seulement en nous quittant à Toula, il nous fit perdre deux ou trois jours de solde.

La route de Kalouga que nous suivions était couverte de chariots de transport pour l'armée. Le troisième ou le quatrième jour de notre marche, nous entendîmes toute la journée une canonnade qui dura jusqu'à dix ou onze heures du soir ; c'était l'affaire de Maloieraslavetz, dont nous étions à trois ou quatre lieues : les paysans arrivaient par des chemins de traverse avec leurs femmes, leurs enfans et tout leur bagage que contenaient facilement leurs charrettes; ils quittaient les villages à l'approche de l'ennemi : c'était ainsi qu'ils les avaient tous évacués à mesure que les Français s'étaient avancés en Russie. Avant d'arriver à Kalouga, nous aperçûmes dans les champs, de distance en distance, des sentinelles qui formaient une ligne d'observation; la ville avait été abandonnée par tout ce qu'il y avait de riche; ceux des marchands qui ne l'avaient pas encore quittée, étaient prêts à partir. Le gouverneur avait fait tout préparer pour l'incendier dans le cas où notre armée l'eût menacée. Il vint repaître ses yeux de la proie qu'on lui amenait; il se récria sur ce que nous avions l'air de nous bien porter : on lui avait dit que l'armée française manquait de vivres, et il nous eut fallu, pour le satisfaire, être aussi maigres que lui. Il dit quelques injures à un Polonais qui avait eu une cuisse emportée dans l'affaire où nous avions été pris. Le peuple, disposé à se porter contre nous à toute espèce d'excès, obéissait à l'impulsion qu'on lui communiquait; le magistrat n'obéissait qu'à celle de son cœur.

Du sale local où nous fûmes logés, nous vîmes avec quelle brutalité on ôtait de dessus des charrettes des soldats blessés, moulus, qui n'avaient plus la force de crier. La malheureuse colonne, dont ils faisaient partie était tombée en bien mauvaises mains. Un misérable, bas officier, chargé de la conduire, avait fait tuer deux ou trois hommes en route, parce qu'ils lui avaient paru vouloir s'échapper.

Un Russe, qui portait une épée, insulta deux ou trois d'entre nous, qui sortirent sans escorte pour aller faire quelques emplettes : il faut dire aussi qu'un officier supérieur qui vint nous voir plusieurs fois, nous fit oublier, par la noblesse de ses manières et l'intérêt qu'il prenait aux blessés, les outrages de quelques êtres sortis, sans doute, de la lie d'un peuple esclave. Ce digne militaire nous rendit quelques services pendant les deux ou trois jours que nous restâmes à Kalouga.

En quittant cette ville, nous voyageâmes un peu plus commodément. Le pays que nous traversions n'avait pas souffert de la guerre. L'officier qui nous conduisait obtenait facilement des chevaux dans les villages ; les paysans ne s'imaginant pas qu'on puisse ne pas obéir à un homme qui porte des épaulettes.

Un soir nous dûmes nous estimer heureux de passer sans être aperçus de plusieurs régimens de cosaques bivouaqués auprès d'un villagé partis naguère des bords du Don, ils allaient joindre l'armée. Un autre jour nous arrivâmes à l'entrée de la nuit dans une petite ville où, pendant que l'officier était allé faire les logemens, le peuple s'attroupa autour de nous d'une manière inquiétante. Toutes les maisons étaient remplies de familles fugitives. Des soldats de la milice qui venaient de conduire des prisonniers, furent à peine contenus par notre guide, sur la grande route où nous les rencontrâmes.

A Toula nous fûmes mis dans une grande pièce de la prison, où nous entrâmes au milieu d'une haie de peuple, non moins animé contre nous que curieux de nous voir. La manière dont on nous traitait aurait fini par nous faire croire à nous aussi que nous étions des criminels, si l'indignation qui gonflait nos cœurs nous eût permis d'être accessibles à la moindre faiblesse. Les soldats prisonniers qui nous suivaient furent enfermés près de cette prison, dans un long bâtiment en bois, avec ceux qui les avaient précédés de quelques jours : dans la boue jusqu'à mi-jambe, et déjà très affamés à leur arrivée, puisqu'en route on semblait prendre à tâche de leur faire souffrir la faim, ils n'avaient reçu à Toula aucune espèce de vivres. Leurs signes de détresse n'exci-

taient que le rire des gardes barbares, et de la
populace accourue pour jouir de ce spectacle.
Il mourait chaque jour un grand nombre de
ces malheureux. Nous ne restâmes que deux
jours à Toula ; nous en partîmes sous la conduite d'un jeune officier assez traitable, plus
gai que l'autre ; il nous rendait notre position
moins pénible ; mais aussi la retenue fut-elle
un peu plus forte ; il nous en coûta quatre ou
cinq jours de solde à chacun. Il avait fait
beau jusqu'alors, quoiqu'il gelât ; mais le
temps se couvrit, et il commença à tomber
de la neige à gros flocons ; le vent d'est qui nous
soufflait dans la figure, était si fort, qu'il gê-
nait beaucoup notre marche ; nous avan-
çions en colonne serrée pour vaincre cette résistance : c'était à qui n'irait pas devant. Ce
sifflement continuel nous donna à tous un
rhume de cerveau et un mal de tête considérables. Une trentaine de soldats, qui mar-
chaient avec nous depuis Toula, n'avaient
presque rien sur le corps. Un malheureux Ita-
lien, maigre, exténué, et dont la faiblesse
amusait l'escorte, mourut dans ces premiers
froids, perché sur une charrette de bagage de
la milice, où on l'avait attaché pour qu'il s'y
tînt. Nous voyageâmes en traîneau sur un
pied de neige. Dans un village où nous nous

arrêtâmes avant d'arriver à Rézan, un d'entre nous fut de nouveau pillé par un digne officier de milice et deux de ses féroces satellites, qui le surprirent devant la maison. Nous arrivâmes à Rézan du 15 au 20 novembre.

Un officier de notre colonne était tombé malade en route, sept ou huit le devinrent après notre arrivée à Rézan. La maladie commençait par une espèce de catarrhe pulmonaire avec fièvre, mal de tête, oppression, et beaucoup de malaise dans toutes les parties du corps; vers le quatrième ou le cinquième jour, il s'y joignait quelquefois du délire qui durait deux ou trois jours, et davantage; la maladie se terminait du dixième au quinzième jour. Il ne mourut que deux de nos compagnons d'infortune; la plupart se rétablirent assez tôt pour pouvoir partir pour Tamboff, vers le 5 décembre. C'était le typhus, né du concours de tant de causes nuisibles, et qui se communiquait ensuite avec une étonnante facilité. Dans la prison de la ville où l'on entassait les malheureux soldats prisonniers, il fit les plus grands ravages; le froid les empêchait de rester dans les cours; ils se réunissaient autant que possible dans une étroite enceinte qu'on chauffait, et y mouraient quelquefois en quarante-huit ou même en vingt-quatre heures. Pour nous, nous avions été plus heureux ; nous étions logés chez les habitans, et nous avions obtenu du gouverneur chacun une pelisse de mouton, une paire de chaussons de feutre et un bonnet de laine ; ainsi, nous nous trouvions munis contre le froid. La plupart de ces messieurs partirent pour Tamboff ; les autres restèrent à Rézan, et furent réunis dans une grande maison vide, qu'on chauffait. J'obtins de rester à Rézan, auprès du général B......., que j'y trouvai malade des nombreuses blessures qu'il avait reçues à la bataille de Mojaïsk ; je tombai malade quelques jours après.

Depuis long-temps l'hiver déployait toutes ses rigueurs ; tout était neige et glace ; un vent froid endolorissait la figure, les pieds et les mains. Quoique nous eussions des pelisses, c'était tout ce que nous pouvions faire que d'aller d'un quartier de la ville à l'autre. Quand je voyais à travers nos doubles croisées la neige s'amonceler contre les maisons, et les habitans passer rapidement dans ces rues solitaires, la figure couverte de leurs fourrures, je pensais à nos pauvres soldats. Non, jamais l'imagination ne créa de pareils tableaux ; jamais on ne trouvera d'expressions pour retracer de pareilles scènes ; jamais des hommes ne virent tant de calamités accumulées sur leur tête; jamais une armée épuisée de tant de manières et presque nue, ne se trouva, au milieu d'un désert, sous un ciel redoutable, dans un aussi horrible état! Que faisaient ces malheureux soldats, le soir, lorsqu'ils avaient en vain cherché toute la journée quelque aliment en se traînant sur la route? que devenaient-ils lorsqu'au milieu d'un champ, le vent glacial qui sifflait dans leurs cheveux, les empêchait de voir autour d'eux, et qu'ils n'entendaient que le bruit de l'ouragan du nord, déchaîné sur son vaste empire? Le matin, si le calme permettait de dominer cette étendue couverte d'hommes, combien en voyait-on se relever? y avait-il encore quelque voix capable de rompre le silence de cette horrible solitude? Quelle mort pour des guerriers qui étaient rentrés tant de fois dans leur patrie, couverts d'honorables blessures et entourés de tout l'éclat du triomphe; pour des hommes qui faisaient l'orgueil de la France, et qui commandaient le respect à ses ennemis! Quel temps pour faire voyager des prisonniers de guerre presque nus!

Un baron allemand raconta qu'étant un jour allé dans un village voisin, pour voir une colonne de Français qu'on y avait fait arrêter

dans une grande maison, sans portes ni fenêtres, il y en avait de morts dans toutes les attitudes de souffrance que le froid leur avait fait
prendre; car c'était alors principalement que le
froid devenu excessif (de 25 à 30 degrés au-
dessous de zéro, du thermomètre de Réaumur)
les faisait périr. Des gardiens qui croyaient
faire une bonne action en faisant mourir un
Français, disaient à chaque instant, d'un air
de satisfaction : *En voilà encore un de mort*,
en se servant d'expressions qu'on n'emploie
dans la langue russe qu'en parlant d'un animal incommode.

Quand venait l'ordre de partir, on enlevait
tout; on faisait marcher ceux qui pouvaient
marcher; on mettait les malades sur des traîneaux, sauf à les jeter en route dès qu'ils
étaient morts, et on n'attendait pas toujours
qu'ils eussent rendu le dernier soupir pour
s'en débarrasser. Ces malheureux mettaient
sur eux ce qu'ils pouvaient trouver; les uns
s'attachaient de la paille sous les pieds, pour
ne pas marcher à nu sur la glace; d'autres s'en
enveloppaient la tête avec des bouts de corde.
En route on les faisait souvent coucher dehors,
ou on les enfermait dans une grange en palissade, et par conséquent très froide, lorsqu'on
en trouvait d'assez grandes pour les contenir.

Là, ils recevaient ce que leur donnaient des conducteurs avides, qui avaient intérêt à en faire diminuer le nombre, et qui les regardaient plutôt comme des bêtes féroces, dont ils étaient maîtres, que comme des hommes ; ils tuaient un homme pour un chiffon. Aussi, comme ces malheureux se pressaient pour ne pas rester à la queue de la colonne ! Ceux qui étaient obligés de s'arrêter, couraient risque de ne plus rejoindre les autres. Mon âme se serre en rappelant à mon souvenir, et en retraçant ces déplorables détails.

Parmi les officiers prisonniers que nous voyions arriver à Rézan, beaucoup étaient malades de la fièvre régnante, du typhus : il en mourait. Quelques uns supportaient le froid d'une manière étonnante, sans être plus vêtus que dans notre climat. On les logeait comme nous, chez les gens de la basse classe ; car les nobles sont exempts de recevoir même les soldats russes. Ils avaient été beaucoup moins heureux que nous en route. La saison était devenue plus rigoureuse ; en outre, beaucoup étaient tombés en mauvaises mains. On avait quelquefois gardé de l'argent qu'ils avaient donné à échanger ; quant à la solde, en frustrer les prisonniers était une chose reçue.

A la rigueur, un officier pouvait vivre à Rézan avec son demi-rouble (demi-franc) par jour. Le pain et la viande y étaient à bas prix. (6)

Les habitans étaient tous animés contre nous. Des personnes qui nous avaient d'abord témoigné quelque bienveillance, n'eurent bientôt plus aucune relation avec nous, parce qu'elles s'attiraient par là l'indignation publique. (7)

Ainsi, tandis que l'empereur Alexandre donnait à l'armée l'exemple de la clémence, et faisait distribuer des secours aux prisonniers, des cosaques les déshabillaient loin de ses yeux; des ratniks ou des bêtes féroces, sous l'habit de soldats de milice, les faisaient périr en route, et des gouverneurs ou d'autres fonctionnaires publics toléraient des horreurs qui doivent à jamais les couvrir de honte, puisque le motif de la défense n'existait plus, et que toute espèce de danger était passé pour eux.

Le général B..... était destiné pour Orel : il était faible, souffrant, toujours au lit; lorsqu'il reçut du gouverneur un ordre définitif de partir, j'étais convalescent. Nous partîmes de Rézan le 12 février par un grand froid ; mais nous quittâmes avec plaisir une ville où notre cœur avait été déchiré tant de fois au récit des malheurs de notre armée, qu'on se plaisait à nous annoncer, et par le spectacle de la joie d'un peuple ennemi.

Le second ou le troisième jour après notre départ, nous nous trouvâmes dans un bois, au milieu de deux ou trois cents hommes de la milice, qui venaient de conduire des prisonniers, dont ils avaient peut-être fait périr la moitié. L'officier qui nous conduisait avait pris les devans pour aller faire préparer des chevaux à la poste. Nos chevaux ne pouvaient aller que le pas. Dès que ces soldats surent que nous étions Français, ils menacèrent le domestique qui était sur le siége, et montèrent sur la voiture qu'ils empêchaient d'avancer. Bientôt un de leurs officiers vint brusquement ouvrir la portière ; il hésita un moment ; je ne sais à quoi il tint qu'il ne fît de nouvelles victimes.

Près du terme de notre long voyage, nous couchâmes chez le maître de poste, qui avait été prisonnier de guerre en France, et quelque temps malade dans un des hôpitaux de Paris. Quel bien il nous fit en parlant avec éloge de la France ! il y avait si long-temps que nous n'en entendions dire que du mal ! On nous avait annoncé que la ville d'Orel était une des villes de gouvernement les plus agréables, que la civilisation y était plus avancée qu'ailleurs, que les prisonniers de guerre y étaient reçus partout : cette rencontre confirmait la bonne idée que nous en avions conçue; et en y arrivant, nous vîmes qu'on ne nous avait pas trompés sur l'affabilité des habitans. Les autorités et toute la noblesse recevaient les officiers, les invitaient chaque jour à table et à toutes leurs fêtes. C'était si différent de ce que nous avions vu jusqu'alors, que nous ne pouvions y croire. Toute la noblesse parlait français.

Nous apprîmes alors de quelques officiers pris à Krasnoï, l'histoire d'une colonne de prisonniers plus malheureuse encore que la nôtre. Je ne sais plus de combien d'hommes elle était forte, ni à combien elle se trouva réduite; car les nombres s'oublient facilement, surtout en de pareilles circonstances; mais on pourra avoir une idée de ce qu'elle souffrit par ceci : à Roslaff, où on la fit bivouaquer quelques jours, ces malheureux soldats, presque nus, entassaient les morts pour s'en faire un abri contre le vent qui les glaçait, et plusieurs cadavres furent trouvés entamés.... On n'attendait pas toujours le dernier moment pour dépouiller ceux qui succombaient, s'ils avaient quelque vêtement qui pût servir. Elle a existé cette muraille de morts, il a existé cet épouvantable rempart de la vie!....

Le lendemain de notre arrivée, le domestique rentra avec un soldat, désirant de voir le général. C'était un grenadier de son régiment (le trentième) qui avait combattu près de lui à Mojaïsk. Il avait tué d'un coup de fusil un Russe qui avait lancé au général un coup d'écouvillon au moment où il franchissait le fossé d'une redoute. Comme cet homme parut transporté en nous parlant de cette journée! comme il oublia toutes ses misères pour se repaître un moment de gloire! mais l'illusion ne pouvait durer : il était prisonnier. Étaient-ils reconnaissables, ces malheureux au maintien humble et timide qu'on voyait, couverts de haillons, mendier dans les rues d'Orel? étaient-ce ces hommes que j'avais vus avec cette tenue militaire, et cet air martial, prêts à braver tous les dangers? Il n'est donc rien qui puisse lutter contre la misère et l'esclavage!

Des milliers de soldats étaient morts à Orel, dans un endroit qu'on appelait l'Hôpital, du typhus, devenu presque aussi meurtrier que la peste dans ce grand rassemblement de calamités de tout genre. Ceux qui avaient survécu pouvaient facilement être logés chez les pauvres de la ville et des faubourgs.

Quinze jours après notre arrivée à Orel, j'allai demeurer à la campagne, au sein d'une famille où j'aurais trouvé le bonheur, s'il en était pour celui qui voit de grandes infortunes s'accumuler sur sa patrie. Le bruit de nos désastres retentissait sans cesse jusqu'au fond de mon cœur. Nos troupes fuyaient. Elles avaient passé Wilna, le Niémen, la Vistule?.... Le quartier-général des Russes était à Berlin, à Dresde.... Depuis long-temps le roi de Prusse était venu au quartier-général de l'empereur Alexandre, et s'était déclaré son allié.... Les débris de l'armée française (s'il avait pu se sauver un seul homme) s'étaient jetés dans les forteresses de la Prusse.... Hambourg, Leipzic, étaient pris. L'ennemi avançait toujours. On n'entendait parler d'aucune résistance; et rien pouvait-il en offrir! la France était devenue tout-à-fait passive. A ces bruits déchirans succédait un silence plus terrible encore : on pressentait alors avec effroi que les premières nouvelles seraient sans doute celles de l'occupation de notre pays, la confirmation d'un asservissement que nous lisions déjà dans l'avenir.

La nouvelle de la bataille de Lutzen, que les

Russes annoncèrent comme une victoire éclatante remportée par la coalition, en nous
apprenant qu'il existait encore quelques troupes françaises, nous donna peut-être de notre
position une idée plus avantageuse que celle
que nous en avions eue jusque là. Lorsqu'on
nous apprit la rentrée des Français à Leipzic,
à Dresde, à Hambourg, nous respirâmes, nous
ne prîmes plus le change sur ce qu'on nous
rapporta de la bataille de Bautzen. Les Français s'étaient montrés en force sur tous les
points, et avaient partout repoussé l'ennemi.
Ceux qui n'ont pas été prisonniers de guerre
ne peuvent se faire une juste idée de la sensation que produisit cette nouvelle sur notre
âme. C'est certainement l'une des plus déli-
cieuses qu'elle soit susceptible d'éprouver.

Nos troupes étaient près de l'Oder. Le roi
de Saxe était revenu auprès de Napoléon qui
menaçait Berlin. Nous ne concevions pas comment on avait pu former une armée. Napoléon paraissait plus étonnant que jamais. Une
suspension d'armes, pendant laquelle nos
troupes pouvaient s'approvisionner dans leurs
forteresses, annonçait que nous avions eu de
grands succès. Une paix avantageuse allait s'en
suivre.

Tout le temps des négociations fut pour

nous, en quelque sorte, un temps de joie et d'espérance; de tant de bruits divers il n'était resté que le souvenir flatteur des derniers événemens. Comme nous nous trouvions heureux en songeant à notre situation, six mois auparavant!.... On parlait, à la vérité, d'une jonction des Autrichiens avec les Russes et les Prussiens, des progrès que les Anglais faisaient en Espagne; mais (l'affaire de Vittoria n'avait pas eu lieu) ces bruits n'étaient rien moins qu'inquiétans : au contraire, l'espèce d'acharnement qu'on mettait à parler des affaires d'Espagne avant la suspension d'armes, lorsque les plus grands intérêts devaient se décider dans le nord, annonçait que nous avions eu des succès en Allemagne, et que l'ennemi n'avait rien de bon à dire de ce qui s'y passait.

Cependant les négociations ne se terminaient pas. La trève se prolongeait. L'Autriche était en armes. C'était elle sans doute qui y mettait des difficultés, c'était elle qui empêchait de finir la querelle par de nouveaux combats; car l'armée française venait de se montrer capable de rejeter les Russes au-delà du Niémen. Cette médiatrice dangereuse allait faire pencher la balance du côté où elle se mettrait; et dans tant d'occasions elle avait pris l'offensive contre la France! On ne devait pas espérer qu'elle fût retenue par une alliance qui avait été beaucoup moins un vœu de la nation, qu'une adhésion forcée de la famille régnante.

Avec la nouvelle de la reprise des hostilités arriva le manifeste de l'Autriche. La France, dangereusement atteinte vers les Pyrénées, allait être attaquée dans le nord par une masse de forces incalculables; car l'armée autrichienne était nombreuse. Les Suédois passaient la mer; la Bavière et le Wurtemberg s'ébranlaient en faveur du plus fort; et le génie de Moreau, apparu au continent, venait donner, avec l'exemple de la plus déplorable faiblesse, une espèce de sanction à une coalition qui s'efforçait de se proclamer légitime.

L'Italie, tenue en échec par la conduite plus qu'hostile de Murat, allait être envahie, et servir de passage aux ennemis jusque dans le cœur de la France.

Les affaires de Culm, de la Kasbach, de Dresde, furent le prélude de celle de Leipzic. Tout fut renversé : et la foi des hommes tournant avec la fortune, on vit tout ce qu'il y avait de peuples au-delà du Rhin, se précipiter en armes sur ce fléuve, et le franchir comme ennemis, oubliant qu'il n'y a point de gloire à accabler dans le revers celui qu'on a servi dans la prospérité. Quel est le cœur français qui n'a pas douloureusement tressailli au récit de ces funestes événemens !

La France, qui pouvait si facilement conserver le premier rang parmi les puissances de l'Europe, la France venait de perdre dans les déserts de la Russie la plus belle armée du monde, et n'avait plus de soldats pour se défendre lorsqu'on entrait sur son territoire !! Elle allait être saccagée et asservie ! Des cosaques allaient se répandre dans nos campagnes, et y porter le pillage, le meurtre, le viol et l'incendie ; les pères des guerriers qui les avaient poussés jusqu'au delà de Moscou, allaient être exposés à leurs outrages !!

Les discours prononcés au Corps législatif, les proclamations pour de nouvelles levées et l'organisation des gardes nationales, étaient publiés dans les journaux russes sous une date aussi récente que les nouvelles de leur quartier-général. Tout y peignait l'état désespéré de notre situation ; le drapeau noir était déployé ; les Français étaient appelés par la voix d'une femme, de leur impératrice, à marcher contre des ennemis *dont l'ambition ne reconnaissait plus de bornes.* Les noms de nos villes du Nord marquaient dans les journaux la marche des troupes ennemies et le théâtre de la guerre : le quartier-général des alliés était à Langres : Suchet évacuait la Catalogne pour se porter à marche forcée sur Lyon, qui était au pouvoir des Autrichiens. Napoléon, confiant sa femme et son fils au peuple français, allait, *pour vaincre ou périr*, se mettre à la tête des troupes qu'on avait pu rassembler.

La bataille de Brienne fut perdue. Napoléon avait dû, selon le rapport qu'on en fit, s'enfuir vers Orléans, poursuivi par des troupes chargées de nos dépouilles.

Cependant l'ennemi n'avançait pas rapidement après cette victoire ; on se tut ; il y avait long-temps qu'on savait les alliés à Troyes, lorsqu'on apprit que Napoléon y était rentré. Nous avions repris l'offensive ; l'ennemi avait fait un mouvement rétrograde, quoique sa cavalerie légère eût déjà paru sous les murs de Paris. On aimait tant à nous tromper, que nous nous exagérions la moindre apparence de succès. Wellington, depuis long-temps aux portes de Bayonne, y était resté comme en observation. Nous trouvions encore dans cette situation de quoi nous composer une sorte de bonheur. Mais bientôt on annonça qu'il suffisait d'en venir aux mains une seule fois pour tout terminer. On connaissait les forces de Napoléon, il n'était pas douteux qu'il succomberait : on avait distribué son portrait aux soldats pour qu'ils pussent le reconnaître s'il voulait s'échapper; sa tête était mise à prix; mais on ne le verrait pas tomber vivant dans les mains de ses ennemis; il allait mourir en fondant sur eux, ou se donner la mort : personne ne pouvait se le figurer fuyant pour sauver sa vie. Il la devait aux Français qui lui avaient tant de fois sacrifié la leur, qui lui avaient tout donné, leurs biens et leurs personnes, parce qu'ils étaient persuadés que son caractère resterait toujours plus élevé que n'avait jamais été sa puissance.

En avril on annonça l'entrée des alliés à Paris, l'abdication de Bonaparte, et son adhésion à la proposition qu'on lui avait faite de vivre dans l'île d'Elbe avec une pension. Il était précipité du trône, et il vivait! Qui ne s'avoua ce qu'était une pareille conduite!.... Nous nous sentions oppressés à chaque mot qu'il fallait dire sur cet indigne dénoûment!

Ce n'a pu être néanmoins à une nation généreuse à rougir : elle avait été trompée par des apparences qui trompaient l'univers. Pleine de reconnaissance pour les moindres bienfaits et d'admiration pour tout ce qui a quelque grandeur, elle avait poussé trop loin, peut-être,

le dévouement et l'obéissance à un souverain
qui s'était fait légitime. Voilà sa seule faute :
en tombant dans cet excès elle ne fit qu'aller
au-delà d'un devoir. A quelle terrible extrémité n'a-t-elle pas été portée par cette belle
impulsion! Ses campagnes se sont dépeuplées,
ses villes sont devenues désertes, elle a été
couverte de deuil, et n'a entendu s'élever autour d'elle que des cris de désespoir et de vengeance. Mais ceux même dont elle a fait le
malheur ne lui refuseront pas l'estime qui lui
est due. Dans ses revers elle saura encore leur
inspirer du respect ; on ne pourra voir dans
ses malheurs que la destinée d'une confiance
aveugle trompée par l'ambition et l'égoïsme,
ou qu'un terrible exemple de l'ingratitude de
cette fortune si souvent sévère envers ceux qui
ont le plus mérité ses faveurs.

Un changement de dynastie était amené par
les circonstances. Qui de nous n'avait senti
son cœur déchiré en le voyant s'opérer par de
si déplorables événemens? Après tant de calamités et de guerres inutiles, quel Français ne
regrettait des siècles de gloire militaire ren-
fermés dans les exploits de quelques années ;
ne plaignait tant de courage perdu par tant
d'ambition? Ne cherchons pas à le dissimuler,
quelle âme généreuse pouvait ne pas s'intéres-

ser à tant de puissance et de grandeur tombées du faîte?

La manière dont s'était opérée cette grande
révolution tenait du prodige. Un nouveau monarque apportait des paroles de paix, et semblait vouloir recueillir l'héritage de notre gloire;
les chefs illustres de nos armées l'entouraient.
L'image du grand Henri, gravée dans le cœur
de tous les Français, remplaçait celle de l'auteur de nos maux sur ce signe de l'honneur,
qui, sans le grand nom de ce roi, fût devenu,
peut-être, un signe de discorde. L'espérance
renaissait en voyant, avec sa statue, se relever
son génie conservateur pour veiller sur l'antique royaume!

Restée en possession des chefs-d'œuvre dont
l'avait enrichie la victoire, étendue au-delà de
ses anciennes limites, délivrée de ses ennemis
qui s'en étaient éloignés en répétant, avec une
sorte de crainte respectueuse, ces paroles de
l'Écriture, *ce royaume est réellement le plus
grand entre les nations*, la France semblait
presque être sortie victorieuse d'une lutte terrible dans laquelle elle avait déployé la plus
héroïque constance; et se confiant en la sollicitude paternelle de ses anciens rois, elle allait,
par un effort non moins généreux, chercher
à oublier ses malheurs en oubliant ses exploits.

Après avoir long-temps régné par les armes,
elle allait dominer encore l'Europe par l'ascendant même de son ancienne et de sa nouvelle illustration réunies, par l'exemple de sa
sagesse et de ses prospérités.

Dix mois s'étaient à peine écoulés dans ce
nouvel état de choses, qu'on vit s'élever à l'horizon un nuage obscur qui devint bientôt une
des plus horribles tempêtes. Ne renouvelons
pas de cruels souvenirs. Les torts ont été grands,
mais ils puisèrent leur source dans des sentimens honorables. On s'aigrit en revenant sur
les malheurs du passé : ne nous occupons que
des espérances de l'avenir. Les aigles, le léo-
pard et d'autres signes de la puissance étran-
gère, qui n'auraient dû voir le sol de la France
que comme trophées de nos soldats, se sont
enfin éloignés. L'étendard des lis flotte seul
sur notre belle patrie. Ne nous rappelons cette
fatale invasion que pour jurer de ne plus voir
les armées ennemies sur son territoire, sur
cette terre où, pour emprunter le langage d'un
illustre écrivain, *chaque atome de poussière
contient quelques grandeurs humaines*, quelque souvenir honorable pour un Français, et
quelque titre nouveau au respect des autres
peuples.

BIBLIOTHÈQUE NATIONALE — COLLECTION DU BARON LARREY — DON DE Mme DODU — IMPRIMÉS

7

LA RUSSIE.

CHAPITRE PREMIER.

Aspect du pays ; climat ; habitations ; véte-
mens , etc.

La Russie n'est ni un pays montueux, ni un
pays plat ; c'est un sol inégal où l'on voit partout des coteaux peu prononcés que l'on monte
sans peine, et d'où l'on descend par une pente
douce. Arrivé à leur partie la plus élevée,
qu'on ne peut pas appeler leur sommet, on
découvre devant soi des champs semblables à
ceux qu'on vient de parcourir ; cette uniformité est d'une monotonie fatigante pour nous
habitans de la France ; aucune grande scène
n'arrête les regards ; ils veulent toujours se
porter plus loin, et plus loin c'est toujours la
même perspective ; on n'éprouve presque jamais l'impression agréable que produisent des
tableaux détachés, ou des points de vue qui
dominent au loin. L'horizon y est peu étendu ;
le ciel paraît plus bas, et au lieu de cette belle

couleur bleue, il n'offre dans les plus beaux jours qu'une teinte claire grisâtre, qui est bien loin d'avoir l'aspect riant de notre voûte azurée. La terre semble plus convexe ; de ces coteaux s'élèvent dans les pays découverts quelques bouquets de bois de bouleau qui les couronnent agréablement, et à de grandes distances s'offrent une église et une maison de maître qui annoncent un village composé de chaumières groupées autour de ces deux édifices. (8)

L'hiver, tout est neige et glace. Des files de traîneaux s'allongent comme une suite de points noirs sur ces coteaux au-dessus desquels sont souvent suspendus des nuages uniformément sombres. Les habitations paraissent peu dans la campagne, à moins qu'elles ne soient entourées d'arbres : un village produit quelquefois l'effet d'une île au milieu de la mer ; des colonnes de fumée, qu'un air trop froid ne dissout pas, s'élèvent dans un temps calme au-dessus des habitations principales ; d'épaisses vapeurs sortent des chaumières dès qu'on entr'ouvre leur petite porte ; et si le paysan voyageur chemine en silence dans ces tristes solitudes, vous entendez quelquefois autour des villages des groupes de femmes remplir ces lieux sans écho d'un chant presque sauvage. *Telle est la Russie* ; les villes n'y sont ni assez nombreuses ni assez considérables pour varier le tableau.

Après la *fonte des neiges*, des paysans se répandent dans ces champs nus (9) pour préparer les terres aux semences du *printemps* ; l'avoine, le sarrasin, quelque peu d'orge (pour les brasseries), sont jetés et croissent bientôt avec le blé d'automne, sorti vert de dessous la neige.

La séve, long-temps captive, s'est rapidement élancée des dernières racines aux derniers rameaux. Les bouleaux ont rempli l'atmosphère de leur suave odeur. Le rossignol chante dans ces solitudes, que le pique-bois fera bientôt retentir des coups redoublés de son bec ; les oiseaux aquatiques, revenus dans un climat où ils peuvent trouver à se nourrir depuis la fonte des glaces et le ramollissement de la terre, sont allés plus loin déposer leurs œufs ; les airs se peuplent ; les habitans des eaux, long-temps séparés de l'air, s'élancent, animés d'une nouvelle vie, au-dessus de l'élément dans lequel ils ont été si près de trouver la mort : tout s'anime, et l'homme qui n'a pas quitté ces lieux pendant leur longue tristesse, jouit de cette métamorphose comme si elle s'opérait pour lui seul.

En effet, qui ne sentirait plus agréablement l'existence en parcourant des lieux où la variété succède si merveilleusement à l'uniformité la plus triste, le souffle tempéré des zéphyrs aux bises glaciales, les douces pluies du printemps aux neiges de l'hiver, le chant des oiseaux au plus morne silence? Au milieu de ces champs couverts de verdure et de fleurs, d'étroits sentiers, où ne passent que ceux qui les cultivent, conduisent à de paisibles habitations dont la simplicité rappellerait les mœurs des premiers âges, si les habitudes des hommes qui les habitent avaient quelque chose de patriarcal.

Mais si le luxe suppose quelquefois chez un peuple des passions avilissantes, son absence tient souvent aussi à des vices plus condamnables encore.

L'*été* est ordinairement sec en Russie; les chaleurs, souvent aussi fortes vers la fin de juin que dans le midi de l'Europe, ne durent pas; la fraise des bois, les framboises, les groseilles, les concombres, la glace conservée de l'hiver, procurent des boissons rafraîchissantes qui aident beaucoup à les supporter. Le riche jouit aussi de plusieurs productions de notre sol et de celui de l'autre hémisphère, qu'il fait mûrir pour lui. Obligé à s'abriter du froid dans ce pays rigoureux, l'homme en a perfectionné les moyens, et il se procure à peu de frais les températures de tous les climats. La fraîcheur des nuits et la longueur des jours y rendent toute cette saison agréable. Au solstice, il n'y a presque pas de nuit à Pétersbourg; à Archangel, la traînée de lumière que le soleil a laissée à son coucher paraît encore, que déjà l'aurore commence à poindre vers l'orient bien rapproché du septentrion. (10)

Les orages sont aussi fréquens l'été que dans notre pays, mais le tonnerre ne gronde pas si fort; on n'y voit pas ce ciel animé, quelquefois embrâsé de toutes parts. Si les nuages ne sont jamais suspendus avec autant de majesté sous la voûte du ciel, dans les temps orageux on n'y voit pas ces roches vaporeuses amoncelées les unes sur les autres, qui, dans nos climats, recèlent des foudres si bruyans. En Russie, un orage est un nuage qui passe, et qui, après les premiers coups de tonnerre, donne de la pluie sans autre suite. Les orages arrivent ordinairement le jour; la foudre tombe assez souvent; il arrive parfois qu'elle met le feu aux villages, tous également faciles à être incendiés; ces tempêtes violentes, ces coups de vent qui déracinent les arbres, ces tourbillons qui enlèvent la poussière et dispersent au loin

la paille des moissons, y sont rares; la grêle y
fait peu de ravages.

Vers la mi-juillet (de notre style) on voit
dans les prairies qu'on vient de faucher, des
femmes vêtues de blanc comme pour des jours
de fête, recueillir avec une espèce de solennité ce premier produit de la terre.

Bientôt (à la fin de ce mois) arrive le temps
de la moisson. Des gerbes d'un aspect particulier hérissent ces coteaux dont la surface avait
jusqu'alors paru tout unie.

Des champs de sarrasin devenus tout blancs
exhalent une odeur qu'on reconnaît pour celle
du miel. Les abeilles le composent presque
uniquement de cette fleur dans ce moment de
l'année.

Quelques veneurs partent à cheval des maisons seigneuriales, et vont, l'épervier sur le
poing, prendre les cailles qui sont en grand
nombre dans ce pays fertile en blé. En septembre, on arrache le chanvre et on prépare
les terres qui doivent être ensemencées avant
les pluies d'automne.

Cette saison n'est pas prodigue de ses dons
envers les habitans du Nord. Les Russes ne
recueillent guère dans leurs vergers que des
pommes, qui, à la vérité, sont fort belles et
bien capables de les dédommager de la priva-

tion de tant d'autres fruits ; et plus tard le glukwa (*vaccinium oxycoccus*, Lin.), qui dans les contrées où il naît, sert à préparer une boisson acide.

L'automne est quelquefois une belle saison en Russie. Un ciel sans nuages permet souvent aux rayons du soleil de briller sur ces contrées jusque vers la fin d'octobre. On court le lièvre ; on a des meutes de vingt, trente, quarante lévriers, et d'autant de chiens courans ; ceux-ci ne sont que pour chercher et lancer le lièvre ; car on ne sait pas le leur faire pousser et forcer ; lorsque les lévriers le chassent, tout le monde suit à cheval en poussant de grands cris, dans des campagnes immenses où le blé sort déjà de terre. Avant le jour, on va se poster dans des cabanes pour tuer les coqs de bruyère sur des arbres où on les attire avec des fantômes, pendant que des domestiques font des battues au loin. La pluie et les brouillards sont souvent corrigés par la gelée qui ôte à cette saison une partie de son humidité si désagréable aux riches, qu'elle isole, et aux pauvres, toujours assez mal pourvus pour la supporter.

La neige se fond plusieurs fois avant que *le traînage* s'établisse. Ce n'est ordinairement que vers le 15 novembre (nouveau style) qu'on

voit la joie revenir avec une manière de voyager qu'on trouve si commode. C'est toujours
avec un nouveau plaisir que le Russe ôte le
traîneau de la grange ou de la remise pour
aller parcourir des lieux devenus tout à coup
méconnaissables. Les idées tristes que fait
naître l'automne, dans ce pays où l'état de l'âme
tient étroitement à celui de la nature, sont
remplacées par la gaîté, lorsque le froid devient vif; il n'est plus alors question que de
plaisir.

Le froid peut être fort dans le commencement, mais il n'est pas long; rarement il est
tout d'un coup aussi vif que dans la malheureuse année 1812. Après beaucoup d'alternatives, la température est stable pendant le
mois de janvier et le commencement de février. Tout a été, pour ainsi dire, pénétré par
le froid. Il se soutient alors à quinze degrés
au-dessous de zéro du thermomètre de Réaumur (dans la contrée où j'étais). Il est moins
souvent à 20 et à 25 degrés; et descend rarement à 30. Il n'est pas ordinaire qu'il y reste
vingt-quatre heures; cela ne se voit que trois
ou quatre fois dans un hiver rigoureux : ce
froid intense peut cependant durer deux ou
trois jours. La terre est couverte à peu près
d'un pied de neige que le vent emporte de

certains lieux pour l'entasser dans d'autres jusqu'à la hauteur du toit des maisons. Les rivières unies comme la surface des moindres étangs (qui seraient bientôt dépeuplés si on n'avait soin de casser chaque jour la glace) coulent sous une couche solide de trois ou quatre pieds d'épaisseur qui paraît tenir leurs eaux à l'abri du froid, en les préservant du contact de l'air (11). On fait quelquefois plusieurs lieues sur la ligne que tenaient les barques peu de temps auparavant. Les chevaux sont blancs de leur sueur gelée; des glaçons se forment dans l'épaisse barbe des cochers, qui semblent prendre plaisir à braver les rigueurs d'un pareil temps. On ne voit sur les routes que des corbeaux qui, se réunissant vers la fin du jour, remplissent l'air de leurs croassemens, et dont les troupes marquent parfois de bandes noires l'horizon rougeâtre.

Le moindre vent se fait vivement sentir au commencement de l'hiver, et le temps est rarement calme. Il n'y a pás de vents dominans. Les vents d'est, de nord et d'ouest, sont également fréquens. Les vents d'est et de nord, toujours très froids, sont ceux pendant lesquels la température devient le plus rigoureuse; il fait aussi le plus grand froid par le vent d'ouest : le vent de sud est rare; s'il durait, il amènerait constamment le dégel. Il y a plusieurs de ces commencemens de dégel pendant l'hiver, surtout vers sa fin.

Le vent gâte les routes en les rendant inégales, en y faisant des trous d'où les chevaux ont souvent de la peine à retirer le poids qu'ils traînent. Il empêche quelquefois de voyager la nuit, parce qu'il fait disparaître les traces des sentiers. Mais ce qui est le plus capable d'arrêter les voyageurs, c'est le métel proprement dit *balai, chasse-neige.*

Cette tempête, particulière aux pays du nord, consiste dans un vent très fort qui vient de tous les côtés à la fois, qui enlève la neige de la terre pendant qu'il en tombe d'autre, qui la fait voler dans toutes les directions, qui la soutient en telle quantité dans l'air, qu'on ne peut pas voir à dix pas en plein jour, et de telle sorte qu'alors ciel et terre tout est neige. C'est surtout la nuit que cette image du chaos devient dangereuse. On perd facilement la route. Le voyageur qui descend du traîneau pour la chercher, peut disparaître et ne plus retrouver l'équipage pour s'en être éloigné de quelques pas, malgré le bruit de la sonnette attachée au cou du cheval. Du traîneau, on ne voit pas toujours les chevaux qui y sont attelés. On avance doucement, car au milieu des terres on peut trouver sous ses pas un ravin comblé de neige, et être englouti.

Cependant, après quelque incertitude, on se croit enfin sur la voie, on marche long-temps encore, et souvent l'on est forcé à la fin de s'avouer qu'on s'est trompé. Le désir d'arriver et le bruit du vent exaltent l'imagination. On entend des bruits variés, des aboiemens de chiens, des voix d'hommes, des cris de portes. C'est un songe scandinave. On marche encore des heures entières, et on ne voit pas le village dans lequel on croyait entrer. Quand le jour vient, il se trouve qu'on a marché toute la nuit pour faire une demi-lieue. On n'a fait que tourner autour du point d'où l'on était parti.

Le métel dure, dit-on, vingt-quatre heures, trois, ou neuf jours. Je l'ai vu durer neuf jours, non pas tel que je viens de le décrire; il y avait des momens de calme ou d'un vent décidé.

Par les grands froids, on rencontre sur les routes et dans les villes, des personnes qui ont le nez blanc et près d'être gelé; la partie la plus saillante des joues et du menton, chez les personnes qui l'ont découverte, est aussi quelquefois d'une couleur blanchâtre qui annonce un commencement de congélation. On ne s'aperçoit guère de ce changement que chez

les autres. On pourrait cependant le soupçonner sur soi-même, lorsque après avoir éprouvé
un froid cuisant dans les parties atteintes, on
les trouve comme engourdies, et moins sensibles au toucher.

Le paysan russe cherche à prévenir ce léger
accident en se frottant souvent le nez et les
joues pour ne pas y laisser d'humidité, et pour
y ranimer la circulation et la vie lorsqu'elles
commencent à s'y affaiblir.

Si ses précautions ont été inutiles, il prend
de la neige dans le creux de la main, s'en frotte
le nez et les joues jusqu'à ce que la neige
fonde, et s'essuie fortement avec le pan de sa
robe de laine. La couleur naturelle revient,
la partie affectée devient rouge même, et tout
se dissipe.

Si l'action du froid a été portée trop loin,
on ne peut faire revenir la couleur par le frot-
tement. L'épiderme et le corps muqueux ont
été frappés de mort, et doivent se séparer.
On a le nez brun et écorché, les joues et le
menton marqués de la même manière pendant huit ou quinze jours, et tout se guérit
sans laisser de cicatrice apparente. On ne voit
personne défiguré, ni même enlaidi par cette
cause.

Lorsque le vent est très froid, des hommes

peuvent être gelés, la nuit surtout. Le voyageur qui avait cru ne rester que trois ou quatre heures en route avant de trouver une station, est souvent obligé de passer toute la nuit dehors, parce qu'il a perdu la trace.

Si l'on savait ne devoir pas la retrouver, mieux vaudrait s'arrêter tout de suite ; mais on espère, on se fatigue en inutiles efforts, en courant dans la neige ; et, l'abattement succédant à cette exaltation momentanée des forces, on peut moins résister au froid ; on se livre au sommeil qu'on n'est plus capable de vaincre, et ce sommeil peut devenir celui de la mort.

Il est prudent de s'arrêter de bonne heure et de ne pas se livrer à cet assoupissement perfide ; il faut se tenir en action sans se fatiguer, afin de favoriser la circulation et le développement de la chaleur qu'elle entretient. Les spiritueux pris de temps en temps, et en petite quantité, peuvent convenir comme stimulans diffusibles ; mais il ne faut pas en porter la dose trop loin. L'ivresse est funeste ; il se peut que ce ne soit pas seulement parce qu'elle empêche de se garantir du froid. L'ivresse stupéfie les fonctions cérébrales ; il est possible que cet assoupissement de l'ivresse soit analogue à celui que produit le froid, et que les liqueurs fortes agissent sur le système nerveux cérébral dans le même sens que la congélation, et par conséquent que l'ivresse la favorise de cette manière.

Les paysans ne connaissent rien de mieux, dit-on, pour se réchauffer, lorsqu'ils voyagent par un temps froid, que de boire un verre de bière (la bière est assez forte en Russie); ils préféreraient sans doute de bon vin s'ils pouvaient en avoir. La bière peut réchauffer ceux qui ne la boivent pas très froide et qui vont se mettre en route et faire de l'exercice; mais lorsqu'il y a du danger à cause du froid (en supposant que la bière ne fût pas gelée), je crois que, devant rester en place, il ne faut en boire qu'une petite quantité, car elle pourrait influer comme réfrigérant sur le tube intestinal, au lieu de se porter à la peau et d'y déterminer un léger développement de chaleur.

Bien enveloppé de fourrure, dans un traîneau couvert ou dans un équipage fermé, le voyageur qui ne peut être saisi par le froid en route ne le ressentirait pas non plus lorsqu'il est arrêté; mais ses gens, son cocher et son domestique commencent bientôt à souffrir de son intensité; il faut alors que le maître partage avec eux les fourrures dont il est couvert, et qu'il les admette même alternativement dans son étroit équipage; il faut que chacun reçoive à son tour cet abri nécessaire.

On n'entend pas dire qu'il périsse personne de froid en route, si ce n'est lorsque le temps est rigoureux, dans le carnaval. Comme tous les paysans s'enivrent alors, on en trouve de gelés sur les routes, mais cela est rare.

On n'a pas les pieds frappés de congélation en Russie comme ailleurs; la chaussure des paysans les préserve d'y éprouver le moindre froid.

L'expérience a appris au peuple que lorsqu'une partie du corps, un membre a été gelé, il est dangereux de vouloir le réchauffer trop vite; ils ne s'en rendent pas, ou ils s'en rendent mal raison; mais ils savent qu'il faut commencer par mettre la partie affectée dans l'eau à la glace, et qu'il faut lui laisser le temps de se dégeler avant d'élever la température de l'eau.

Ils ont appris qu'il faut user du même moyen pour rappeler à la vie un homme qui aurait été trouvé gelé, qu'il faut le mettre dans l'eau à la glace (12); ils disent que s'il doit se ranimer on voit la glace lui sortir du corps, (tout au plus verrait-on de l'eau se geler à sa surface, et cela n'est pas possible s'il est susceptible de se ranimer). On raconte des résurrections étonnantes opérées de cette manière. On parle d'hommes qui paraissaient morts depuis plusieurs heures et qui ont été rappelés à la vie; on cite des convois entiers de voyageurs qui avaient été trouvés morts et portés tout roides en ville d'assez loin pour être ensevelis, et qui ont été, dit-on, ranimés par ce moyen accompagné de tous les soins accessoires. C'est beaucoup dire sans doute. On sent bien que je n'ai pas été à même de vérifier ces sortes de miracles.

On dit qu'un bon moyen de se garantir du froid c'est de s'enfoncer dans la neige, de s'en couvrir; il y a en effet de l'avantage à le faire : lorsque le froid est très vif, la neige enlève au corps moins de chaleur que l'air, et quoique le corps placé sous la neige soit privé du mouvement qui est si propre à favoriser la circulation et à entretenir la chaleur, il peut encore résister beaucoup plus à la congélation que placé à l'air. L'expérience l'a prouvé aux habitans des pays les plus froids. (Voyez L'Évesque, *Histoire de Russie.*)

L'hiver, on bat sous des hangars ou en plein air, sur la glace, le blé qu'on a chauffé préalablement dans une espèce d'étuve pour que le grain se détache mieux (13). Les femmes presque seules travaillent à celui du seigneur, et les hommes le transportent sur des traîneaux à la ville qu'on leur désigne.

L'hiver est la saison des voyages; c'est alors que les paysans qui ont quelque industrie, ou qui sont dans des villages où il y a peu de terres, se louent pour transporter les marchandises étrangères ou les productions du pays. Le paysan russe est assez porté à ce genre de vie; les commodités qu'il a chez lui ne le retiennent pas, il les trouvera partout; il se nourrit mieux en route que chez lui; il se loue donc volontiers, et cela pour aller où l'on veut; il voit que partout on lui parle sa langue; il fait des courses, des voyages immenses dans son pays. Lorsqu'on lui propose d'aller bien loin, s'il n'a jamais entendu parler de ces contrées, il se dit qu'il aura partout des renseignemens, et il part en toute confiance. Un proverbe russe dit qu'*avec la langue on va jusqu'à Kiow;* le paysan étend cela jusqu'au bout du monde (14). En route, il loge dans les auberges, ou, ce qui est la même chose, chez les autres paysans, qui sont très hospitaliers; il est vrai que le nouveau-venu ne leur cause pas beaucoup d'embarras; il mange avec eux s'ils ont quelque met, ou se contente de son pain noir saupoudré de sel; il se couche sur un banc, ou sur le four, comme les gens de la maison.

Le cheval reste dehors sous un hangar, ou en plein air quelque temps qu'il fasse ; nos chevaux, exposés à cette température, seraient trouvés morts le lendemain. Ceux-là sont tout aussi vigoureux que s'ils n'étaient pas sortis depuis quinze jours de l'écurie la mieux close.

Les nobles remettent aussi à l'hiver les voyages qu'ils peuvent différer. Ils partent par les plus grands froids , couchent dans les mêmes auberges ou dans les mêmes maisons que les insoucians voyageurs dont je viens de parler. Aussi sont-ils obligés d'apporter avec eux tout ce dont ils peuvent avoir besoin ; un lit de plume et des oreillers nécessaires pour remplir le fond du traîneau , servent à se coucher lorsqu'on arrive. La malpropreté des maîtres du logis et la société des animaux domestiques ne sont pas ce qu'on trouve de pire dans ces trop modestes hôtelleries. La fumée qui occupe la partie la plus élevée de l'appartement oblige à se tenir courbé ; des kakerlóques (*taracanes , blatta orientalis*, Lin.) qui tapissent la voûte , tombent sur la figure pendant le sommeil, si du moins l'on peut dormir dans cette triste position ; et, si l'on a trop tôt fermé les ouvertures de la chambre après l'avoir échauffée, les vapeurs d'un four sans cheminée causent de violens maux de tête, ou même l'asphyxie. (*a*)

Malgré tant d'inconvéniens on voyage beaucoup. Les dames les plus délicates n'en sont pas découragées ; elles entrent de la meilleure grâce dans ces réduits , et plus volontiers encore elles vont nuit et jour sans s'arrêter jusqu'à ce qu'elles arrivent. Ce sont d'aimables voyageuses. L'étiquette est bannie depuis le moment du départ jusqu'à celui de l'arrivée : la beauté se cache sans murmurer sous des habits qui doivent dérober l'élégance des formes aux yeux les plus perçans. Ce serait autant de retranché de la vie, si elle ne laissaient quelquefois à découvert de jolies figures, animées des plus vives couleurs, avec de longs cils tout blancs de gelée.

Les champs et les bois offrent bien peu de ressources à leurs hôtes. Le coq de bruyère se nourrit des semences du bouleau ; des vols de dix ou douze ortolans (15) vont présager le métel aux voyageurs en cherchant les grains tombés des traîneaux ; les corbeaux se tiennent aussi sur les routes et dans les villes, ou autour des maisons. On les voit souvent per-

(*a*) Voyez page 123, ce qui est dit de la manière de chauffer les habitations.

chés dans les environs des habitations, sur les brebis et sur l'animal immonde, qui les souffre avec complaisance. Le lièvre devenu blanc depuis l'automne (16), après avoir rongé la nuit l'écorce des arbres et le tronc des choux, a recours le matin à quelques ruses; il saute aussi loin qu'il peut, fait un trou dans la neige et s'y enfonce pour y passer la journée hors de l'atteinte des corbeaux, des oiseaux de proie, des vautours et de l'aigle qu'il redoute. Mais il ne peut toujours échapper à la vigilance du chasseur. Lorsqu'il est tombé récemment de la neige, lorsqu'un commencement de dégel en a ramolli la surface, ou que le vent qui a couvert les traces anciennes, ne laisse voir que celles de la nuit dernière, le chasseur le suit à la piste, et reconnaît bientôt l'endroit où il doit s'être jeté près d'une ouverture qui conduit à quelque distance; quelquefois on a beau crier, le timide animal ne bouge pas; on insiste, et l'on voit à trois ou quatre pas la neige soulevée par des coups répétés; c'est le lièvre qu'on voit bientôt bondir. Il arrive ainsi, lorsqu'il est poursuivi, qu'il chemine très loin sous la neige en suivant une ornière où elle est moins tassée : et pendant qu'on est auprès d'un de ces trous à faire du bruit, on l'aperçoit à une grande distance où il vient de sortir.

Autrefois les seigneurs les plus riches allaient passer l'hiver à Moscou; ils y allaient moins depuis 1812. Les villes de gouvernement en étaient plus vivantes; on se donnait des bals l'hiver; on n'a pas de peine à réunir du monde dans un pays où l'on fait des visites à dix, douze lieues, plus facilement qu'on ne ferait une lieue en France. L'été, on allait dans toutes les maisons de campagne en voiture; les chemins ne se gâtant jamais, l'hiver les communications sont encore plus faciles s'il est possible; on passe partout; on se visite d'autant plus, que n'ayant jamais d'occupations, on trouve alors le temps plus long.

Dans un pays où l'hiver est si long et si rigoureux, on sent bien que les *habitations* doivent être construites pour cette saison. La pierre y est rare, on y fait peu de briques, le bois y est commun : et c'est en bois que presque toutes les maisons sont construites. Elles en sont plus saines. Le bois de bouleau ou de sapin est celui que l'on préfère pour bâtir. Rarement on emploie du chêne à cet usage. Entre les pièces couchées horizontalement les unes sur les autres pour former les murs, on met du feutre, de la mousse ou du chanvre préparé pour empêcher le froid de pénétrer. Une chambre n'a en carré que la longueur ordinaire d'un de ces arbres. Dans un coin, un four (sans cheminée, pour que la chaleur ne s'en aille pas avec la fumée) présente une surface unie et plane où l'on peut s'asseoir et se coucher pendant l'hiver. Quand on le chauffe on ouvre la porte et les fenêtres, qu'on ne ferme que lorsque le bois et la braise sont suffisamment brûlés, afin de n'avoir pas de vapeurs carboniques. La fumée reste dans la chambre, se soutient à une certaine hauteur, et s'échappe lentement par une étroite ouverture pratiquée à l'un des murs. On a dans ces maisons de 14 à 18 degrés de chaleur du thermomètre de Réaumur.

Le plafond de la chambre des paysans est en bois, couvert d'une couche de terre.

La charpente est formée de pièces indispensables, et de quelques branches d'arbre sur lesquelles on jette de la paille, que le vent emporterait plus souvent sans la neige qui la couvre tout l'hiver.

Outre cette chambre chaude, le paysan a encore quelque petite pièce où il couche l'été. Autour de sa cour, formée en palissade, règne un hangar qui sert d'écurie aux chevaux et aux bestiaux, et de grange pour ses instrumens aratoires.

Auprès de chaque maison est un trou dans

la terre de huit pieds cubes, couvert de plan-
ches ou de bois par-dessus lesquels on met
un pied de terre, en laissant une ouverture
pour y descendre. C'est pour mettre les choux
en fermentation, les concombres, les navets,
les betteraves, les pommes de terre, enfin tout
ce qui pourrait se geler; car il ne gèle pas
dans ces caves si simplement établies.

Telles sont à peu près toutes les maisons
de paysan. Obéissant à la même nécessité, ils
font tous à peu près la même chose lorsqu'ils
construisent.

On contracte bientôt dans ces habitations
un degré de malpropreté qui a sans doute
beaucoup contribué à rendre l'usage des bains
général dans ce pays. Tous les paysans russes
se baignent le samedi soir et la veille des fêtes.
Il y a dans chaque village un certain nombre
d'étuves où l'on se réunit pour cet objet. Ce
sont de petites chambres dans lesquelles est
un poêle assez ressemblant à ceux des maisons
seigneuriales. On le chauffe fortement, la température de la pièce se trouve élevée quelquefois jusqu'à 35 ou 40 degrés (de Réaumur).
Sur de gros cailloux ou des briques qu'on a
fait chauffer en même temps, on jette de l'eau
qui se réduit en vapeur et remplit toute la
partie supérieure de l'étuve. On y entre, on

s'arrose à plusieurs reprises avec de l'eau chaude et de l'eau froide. On se sert de savon, on se frappe avec des branches de bouleau, qui, lorsque la température est très élevée, peuvent provoquer la formation de petites ampoules. On s'élève sur des gradins selon le degré de chaleur qu'on veut éprouver, ayant soin de se rafraîchir la tète. En passant devant les villages on voit sortir de ces lieux de purification des gens tout rouges qui viennent devant la porte respirèr le frais, ou se rouler dans la neige pour rentrer aussitôt.

Ces bains peuvent convenir dans un pays où la peau est rarement excitée, où la transpiration est toujours peu considérable. Ils sont sans doute moins débilitans que les bains par immersion. On ne leur connaît pas d'inconvéniens. Ils peuvent contribuer à prévenir les rhumatismes, fort rares en Russie.

L'été on a moins de raisons de se baigner régulièrement dans ces étuves; on se plonge dans les eaux voisines. Les jeunes filles comme les garçons nagent avec une facilité singulière. La plupart des femmes attachées au service des grandes maisons savent nager. (17)

Les riches ont des bains de vapeur, seulement mieux construits que ceux des paysans; ils se baignent moins souvent, quoiqu'on puisse dire que la règle soit générale, surtout pour les dames. L'usage du linge et surtout des lits, dont les paysans manquent absolument, leur rend les bains moins nécessaires.

L'odeur de la fumée qu'on sent toujours dans les maisons des paysans, outre qu'elle corrige celle qui doit nécessairement résulter de la réunion de beaucoup de personnes malpropres, et de quelques animaux dans le même lieu, peut avoir l'avantage, en stimulant les poumons, de prévenir les rhumes assez rares dans ce pays, même dans les temps humides; mais l'irritation presque constante des yeux par une épaisse fumée a aussi ses inconvéniens; on ne peut, je crois, attribuer à une autre cause le grand nombre de trichiasis (renversement des cils en dedans) qu'on voit en Russie. Les bords des paupières (et surtout de la paupière inférieure), constamment irrités par la fumée, finissent par s'ulcérer, les cicatrices qui se forment sur ces petits ulcères entraînent souvent les cils contre le globe de l'œil, d'où l'ophthalmie chronique, et souvent la cécité. C'est surtout chez les vieilles femmes que se voit cette maladie : occupées des soins du ménage, il n'est pas étonnant qu'elles y soient plus sujettes que les hommes.

Les maisons des seigneurs, aussi bâties en

bois, offrent beaucoup de variété ; leurs revenus étant plus considérables que ne le sont
ceux des propriétaires des autres pays, on voit
beaucoup de maisons de campagne avoir l'air
de ce que nous appelons un château, avec de
grandes dépendances ; beaucoup ont des façades à colonnes ; on en voit de tous les ordres
d'architecture.

La distribution varie et se rapproche de celle
des maisons des riches des autres parties de
l'Europe. Ce qu'il y a de remarquable, c'est la
manière dont on les chauffe ; c'est par le moyen
des poêles, car il n'y a pas de cheminées. Les
poêles, bâtis en briques de terre ou de faïence,
ont ordinairement trois ou quatre pieds carrés
en largeur, et s'étendent dans les appartemens,
où ils font presque toujours saillie depuis le
plancher jusqu'au plafond ; le tuyau, bâti en
briques simples, monte ensuite isolé jusqu'au-
dessus du toit, ou, couché horizontalement,
serpente dans le grenier pour aller se joindre
à d'autres. Le principe d'après lequel ces poêles
sont construits est de présenter à la chaleur
beaucoup de surfaces afin qu'elles s'en impré-
gnent et la conservent plus long-temps. Pour
parvenir à ce but, les briques en faïence ou
en terre, qui forment la surface extérieure du
poêle dans l'appartement, sont creuses vers

son intérieur, en sorte qu'au lieu d'offrir une surface lisse à la chaleur, elles lui offrent autant de creux où elle s'enferme. En outre, le trajet n'est pas direct de l'endroit où l'on allume le feu au tuyau par où doit sortir la fumée. Après avoir fait une voûte (incomplète) assez semblable à celle d'un four, et sous laquelle le bois doit être brûlé, on établit, avec des briques simples, un canal flexueux perpendiculaire au sol du poêle, qui monte et descend deux ou trois fois avant d'aboutir au tuyau qui sert d'issue. Ainsi la chaleur, retardée dans sa marche, imprégne toutes les surfaces qu'on présente à son contact, et se conserve beaucoup plus long-temps.

Les planchers et les plafonds sont doubles. L'hiver, on met de doubles croisées qui sont collées ou calfeutrées pour ne plus s'ouvrir (18); avec ces précautions on ne souffre nullement du froid dans les maisons en Russie; on le sent beaucoup moins dans les appartemens qu'en France, en Italie ou ailleurs; quel que soit le froid extérieur, on a toujours de 14 à 16 degrés de chaleur du thermomètre de Réaumur, et davantage si l'on veut.

Ces poêles ne donnent ni odeur ni fumée quand ils sont bien faits et chauffés avec l'attention convenable; on les chauffe une fois

par jour; on y met tout à la fois le bois qu'on
doit y brûler, on veille à ce que le bois brûle
bien, qu'il ne reste pas de tisons à demi con-
sumés. Lorsque tout est réduit en braise, il
ne faut pas se hâter de fermer (19), il faut attendre qu'elle soit tout-à-fait éteinte, tout-à-
fait consumée; sans cela on s'exposerait à en
ressentir les vapeurs.

C'est dans le Nord qu'on a dû commencer
à connaître les effets nuisibles des vapeurs
qui s'élèvent des charbons ardens dans les
lieux clos. Il y a dans la langue russe un verbe
qui veut dire *prendre des vapeurs* (*ougaret
yeapemb*), et qui ne signifie pas autre chose,
tandis que dans notre langue, et peut-être dans
toutes les autres, il faut se servir d'une péri-
phrase pour exprimer ce genre d'asphyxie : on
dirait que l'observation de ce phénomène est
aussi ancienne que la langue chez les habitans
de ce pays.

Il ne suffit pas toujours de ne pas fermer
le poéle de bonne heure pour éviter que ces
vapeurs se répandent. Quoiqu'on laisse le poéle
ouvert, on en souffre si la chambre est humide. Il y en a beaucoup plus souvent dans
les maisons en pierre ou en briques, dont les
murs épais ont presque toujours une certaine
humidité, que dans les maisons en bois; il

est très dangereux de rester dans une maison
neuve, en briques ou en pierres, qu'on commence à chauffer; on s'expose même à de grands
dangers, en demeurant dans ces maisons, lorsqu'elles ne sont pas neuves, si, les ayant laissées
long-temps sans les habiter, sans les chauffer,
on recommence à y faire du feu.

Si les maisons neuves des paysans sont bâties
en bois vert, qui est long-temps humide, et
d'où suinte toujours de l'eau, elles sont alors
très malsaines par la même raison. Les vieilles
maisons en bois, dans lesquelles on voit de la
gelée, de la glace sur les murs, parce que le
froid extrême se fait ressentir à travers les
fentes, contiennent souvent de ces vapeurs
nuisibles.

Dans les plus belles maisons, dans les maisons le mieux tenues, il se forme, en dedans,
sur les vitres de la première croisée, que la
croisée extérieure ne garantit pas assez du
froid, il se forme de la glace provenant de
l'humidité de l'air intérieur qui se gèle quand
elle touche la vitre. Cette glace contribue à
causer de légers dérangemens, soit qu'elle se
fonde par la chaleur de l'appartement, soit
que dans les beaux jours, le soleil en opère la
liquéfaction (20). Tout le monde sait qu'on a mal
à la tête si l'on reste long-temps assis auprès

des croisées, quoiqu'il ne fasse pas sensible-
ment plus froid à cette place que dans le
reste de la pièce.

Ces inconvéniens des appartemens humides
viennent, sans doute, de ce que l'acide car-
bonique, ou la vapeur de la braise, a beaucoup d'attraction pour l'eau dissoute dans l'air.
Quand on chauffe un appartement humide,
ce gaz, attiré par les nuages invisibles, se répand en plus grande quantité dans l'air de
l'appartement; du moins lorsqu'il y est, il y
trouve des particules aqueuses auxquelles il
s'unit, et au lieu de tomber par son propre
poids, puisqu'il est beaucoup plus pesant que
l'air, il reste ainsi suspendu; on le respire, et
de là les divers degrés d'asphyxie.

Le contraire a lieu lorsqu'on chauffe un
appartement sec : si ce gaz nuisible est alors
répandu dans l'appartement par la chaleur, il
tombe bientôt, ne trouvant rien qui le re-
tienne dans l'atmosphère. Ces faits sont d'accord avec la théorie chimique.

Quoiqu'on connaisse bien les funestes effets
que peut produire cet agent subtil, il arrive
cependant beaucoup d'accidens par cette cause.
En voyage, lorsqu'on est harassé de fatigue,
qu'on éprouve un mal de tête que cause le
vent, on ne peut pas toujours remarquer soi-

gneusement en entrant dans une chambre, s'il y a des vapeurs; et souvent on se couche pour ne plus se relever. L'ivresse conduit aussi à cette fin malheureuse. Les aubergistes ferment souvent leurs fours ou leurs chambres trop tôt, afin d'avoir plus de chaleur; ils savent qu'il doit y avoir des vapeurs; mais ils prétendent y être accoutumés; et, en effet, il y a des personnes qui, par habitude ou par défaut de subtilité du cerveau, peuvent résister à des émanations de cette nature qui en incommodent d'autres d'une manière très grave. Le danger tient aussi beaucoup au lieu où l'on se couche. Celui qui est sur le four peut ne rien éprouver, tandis que celui qui est couché sur un banc trois ou quatre pieds plus bas, peut être asphyxié. (21)

On doit retrouver l'influence de la même cause, celle d'un froid vif sur le choix des *vêtemens*; il est des pays où le peuple peut avoir des modes pour s'habiller; il en est d'autres où il ne peut changer un costume impérieusement exigé par le climat. Qui croirait que Pierre 1er ait donné des ordres rigoureux, qui ont provoqué des révoltes et nécessité des persécutions, pour obliger le peuple russe à changer la forme de ses habits? Était-ce donc là un moyen d'amener le luxe et l'urbanité? de

pareilles mesures appartiennent également au
règne court, mais remarquable, de l'empereur
Paul. On vit parmi les actes de cette autorité
non moins bizarre que despotique, des règle-
mens qui prescrivaient de porter des vestes,
d'avoir les cheveux en papillotes, des chapeaux à trois cornes, etc.; et qui défendaient
expressément à tous les gentilshommes de paraître autrement, même dans les villes de pro-
vince. Il ne fallait pas recevoir ces avis avec
légèreté; l'infraction à de pareilles ordonnan-
ces n'était pas moins punie que des crimes
d'état. Le Czar allait de la sorte à la parade.
Ainsi le caprice d'un moment devenait pour
tout un empire un devoir pénible, et le peuple
devait sentir le joug jusque dans les choses
les plus indifférentes de la vie.

Tous les paysans russes sont chaussés de la
même manière, et cette chaussure n'est pas
particulière à la Russie. Dans le nord de la
Prusse, en Pologne, dès qu'on entre dans les
pays froids, on voit le peuple user du même
moyen pour se garantir les jambes : il les
entoure depuis les orteils jusqu'aux genoux,
d'un grand morceau d'étoffe ou d'autres linges,
chausse par-dessus une espèce de soulier fait
avec la seconde écorce de tilleul tissue comme
une natte; il l'assujettit autour de la jambe

comme un cothurne, avec des courroies qui
servent en même temps à maintenir l'étoffe.
(En Russie chaque paysan fait lui même ses
souliers ou ses *lapti*). Cette chaussure garantit
très bien du froid, mais elle gêne pour marcher. Il est vrai que les Russes voyagent peu à
pied. L'hiver ils vont en traîneau, et l'été en
chariot. Les moindres distances sont trop grandes pour pouvoir les parcourir à pied : ce défaut d'habitude de la marche fait qu'ils y sont
peu propres : n'exerçant pas les muscles de
leurs jambes, ils les ont en général minces :
il est rare de voir un homme qui ait le mollet
prononcé (22). Il semble qu'avec des jambes
ainsi embarrassées, on ne doit pas pouvoir danser, et cependant les femmes russes dansent
beaucoup; mais en dansant elles remuent peu
les jambes : leur danse est une espèce de pan-
tomime cadencée, souvent très expressive, et
quelquefois peu décente.

Par-dessus le linge et un caleçon ou pantalon
de toile, les hommes mettent la pelisse qui est
en peau de mouton (avec la laine en dedans);
elle est sans collet, et ne descend que peu au-
dessous du genou; plus longue, elle gênerait
inutilement, puisque les jambes sont garanties;
par-dessus la pelisse, ils mettent une capotte
d'étoffe qu'ils font chez eux (23), et qui est

moins destinée à tenir chaud qu'à empêcher que la pelisse ne se mouille dans les change-mens de temps, ou lorsqu'ils entrent dans les maisons couvertes de neige (24) : c'est en outre une parure. Une ceinture de laine rapproche ces habits du corps vers la taille, et fait qu'on a plus chaud et qu'on est plus à son aise.

Avec des gants de cuir doublés en laine ou en feutre, et dans lesquels tous les doigts sont ensemble, excepté le pouce qui a besoin de faire des mouvemens isolés, on n'a jamais froid aux mains.

Le cou est tout-à-fait nu ; il n'est garanti chez les hommes que par la barbe qu'ils ne coupent jamais. L'habitude empêche d'y sentir le froid : un bonnet d'étoffe à quatre cornes, dont l'une est au-devant, ouatté avec de la filasse, garni en bas d'un épais bourrelet de fourrure, est la coiffure la plus générale. Les cheveux coupés droit (à la Caracalla) sur le front, et à la nuque au niveau des oreilles qu'ils recouvrent et qu'ils garantissent du froid, ne dépassent le bonnet que sur les côtés. Il y a d'autres bonnets en peau de mouton, de jeune-veau, etc., de formes variées, qui tous ajoutent à la laideur des figures, car on ne cherche guères à les rendre agréables.

Les paysans ne se servent pas de mouchoir ;

mais l'hiver, quand ils voyagent, ils apportent avec eux, dans leur bonnet, une longue serviette qu'ils mettent autour du cou lorsqu'il fait du métel ou très froid. Dès qu'on voit les paysans sur les routes avec cette cravate, on peut dire que le temps est rigoureux.

Le costume des ouvriers, des marchands, de tout ce qui n'est pas noble ou très riche, se rapproche, pour la forme, de celui des paysans; au lieu de *lapti* ils ont des bottes doublées en laine ou en fourrure, dans lesquelles ils mettent encore de grands bas de laine (25). (Les paysans et les paysannes qui sont aisés ont aussi des bottes). Au lieu d'être en toile simple, le pantalon est en toile de coton ou en étoffe. La chemise est presque toujours, chez les marchands et les ouvriers, d'une toile de couleur, d'une indienne rouge, bleue, variée. La pelisse, au lieu d'être de mouton du pays, peut être de mouton de Crimée, de mouton d'Astracan, de jeune veau, de peau de loup, et quelquefois de renard, de martre, etc.; elle est recouverte de toile de coton, d'étoffe, de drap, de casimir, plus ou moins beaux. Le bonnet diffère de celui des paysans. Les cochers et les postillons ont toujours un bonnet rouge, de la forme commune qu'on peut dire nationale, quelle que soit la livrée de la maison.

Les gens du peuple et les marchands portent
aussi la barbe longue, et leurs cheveux sont
un peu moins courts sur le derrière que ceux
des paysans.

Le costume des paysannes est le même que
celui des hommes (au pantalon près); il n'y
a que la coiffure qui en diffère. Jusqu'à ce
que les filles soient mariées, elles ont les cheveux réunis en une tresse qui pend derrière le
dos, et autour de la tête une espèce de bande-
lette garnie en rouge, qui se noue à la nuque,
et leur laisse tout le haut de la tête à découvert; elles sont coiffées de cette manière été
et hiver, et si elles ne se marient pas, elles ne
se coiffent pas autrement pendant toute leur
vie. Je n'ai pas entendu dire que cette coiffure
eût des inconvéniens.

Lorsqu'elles se marient, elles prennent la
coiffure des femmes; on fait alors deux tresses
de leurs cheveux, une de chaque côté de la
nuque. Elles doivent désormais les avoir toujours de cette manière et les cacher soigneusement sous leur coiffure; la pudeur leur commande d'empêcher soigneusement qu'aucun
homme ne les voie. Dans le commencement
de mon séjour en Russie, je me fâchais souvent quand j'allais visiter des malades, chez
les paysans, de voir qu'au lieu de venir m'ou-

vrir la porte de la cour et chasser le chien, les femmes, lorsque leur coiffure était défaite, s'occupaient d'abord à la rajuster, en sorte que j'avais le temps d'arriver jusqu'à la chambre avant qu'elles eussent bougé. Si j'arrivais sans être entendu, et que je les surprisse décoiffées, j'étais étonné de l'empressement avec lequel elles saisissaient tout ce qui se trouvait sous leurs mains pour se couvrir la tête; je ne savais pas qu'il y allât de leur honneur.

La coiffure des femmes varie quelquefois d'un village à l'autre; mais elle consiste toujours en des pièces de linge plus longues qu'une serviétte, dont on ceint exactement la tête, sur laquelle on a mis auparavant une espèce de cimier qui doit en couvrir le sommet et le surmonter à peu près comme ces créneaux de tour dont on orne la tête de Cybèle. Cette coiffure doit être solide et impénétrable au vent : elle est moins chaude que celle des hommes, et cette différence est peut-être de tous les pays. Elles y attachent beaucoup de garnitures, de morceaux de drap, de franges rouges. Le rouge est leur couleur favorite (a);

(a) *Prékrasno*, très rouge, veut dire très beau en russe. Il faut remarquer que le rouge est sans contredit la plus belle couleur sur la neige.

tous les rubans qu'elles trouvent, qu'on leur donne chez le seigneur, ou qu'elles peuvent acheter, sont attachés à leur tête, de manière à tomber suspendus derrière le dos. Les plus élégantes en ont quelquefois une grosse touffe de diverses couleurs, mais surtout de la couleur éclatante. L'été, elles peuvent se livrer à leur goût; elles ne portent plus ni la pelisse ni la capotte; elles ont un demi-jupon et la chemise toute garnie de rouge autour du cou, sur les épaules et sur les manches, et pour tablier, une serviette qui ressemble au reste pour les ornemens. Quand ces femmes, ainsi bigarrées, pavoisées et souvent bottées, viennent toutes ensemble d'un pas réglé par le son de leur forte voix, et par leurs battemens de mains, pour danser à une fête, on croirait voir arriver un régiment.

Dans les villes, les femmes du peuple, c'est-à-dire celles des marchands, des prêtres, des ouvriers, portent des jupes, et une espèce de corset lâche qui, au lieu de leur conserver la gorge, la leur gâte, puisqu'il prend au-dessus du sein, qu'il déprime au lieu de le soutenir. Elles remplacent la pelisse par un mantelet avec ou sans manches, qui ne descend pas jusqu'aux jarrets; il est en fourrure blanche de lièvre, ou en écureuil de Sibérie, et couvert d'une étoffe de soie de couleur rose, ou d'un tissu de soie, d'or et d'argent, analogue à l'étoffe des ornemens d'église. Lorsqu'elles s'habillent, elles se mettent une épaisse couche de blanc et de rouge sur la figure, et pour peu qu'elles aient de prétentions, elles ont les dents peintes en noir (26). Aux beaux jours du carnaval, elles se placent devant leur porte avec un air solennel pour se faire voir et se faire saluer des passans. Tout le peuple russe, et les paysans eux-mêmes se saluent très profondément, avec un air très respectueux, avec ce qu'on appellerait ailleurs de la grâce, mais qui n'est ici que l'humble souplesse de l'esclavage.

L'été, les paysans russes ne changent que peu de chose à leur costume ; ils ne font que quitter une partie de leurs habits. (27)

En voyant l'abandon, l'insouciance, je dirai même l'indécence avec laquelle des marchands, quelquefois très riches, se costument l'été pour paraître devant qui que ce soit, on ne peut se défendre d'un sentiment pénible ; on voit que ce sont des hommes sans respect pour eux-mêmes, et doublement méprisables, puisque n'étant pas esclaves par le fait, ils le sont par les sentimens.

Les riches sont habillés à la française. Tous

les portraits de famille sont en costumes français. Sous Catherine, il y avait un régiment
de gardes à cheval, dont l'uniforme était un
grand habit à la française avec la bourse, etc.
Cette imitation pouvait nous flatter jusqu'à
ces derniers temps; mais depuis nos revers,
cette idée ne peut qu'être pénible. Lorsqu'ils
veulent sortir l'hiver, les riches se chaussent
et se coiffent convenablement et s'enveloppent
d'une fourrure. Ils portent peu de chapeaux,
même l'été; les chapeaux sont peu commodes pour aller en voiture, et les Russes y
sont presque tous les jours; aussi n'en fait-
on qu'à Moscou et à Pétersbourg. Les dames,
vêtues comme en France, mettent par-dessus
leurs habits un grand mantelet fourré et un
schall sur la tête; elles supportent le froid
plus facilement que les hommes. J'en ai vu
faire quatre et cinq lieues par un froid de
3o degrés sans avoir rien sur la tête. Lorsque
nous étions à Rézan, j'étais étonné de voir les
dames courir la ville en traîneau, d'un air riant
et gai, par des temps affreux.

Les fourrures dont on se sert en Russie sont,
en commençant par les plus précieuses, celles
de castor, de la queue et du ventre de certains
écureuils, d'ours d'Amérique, de martre, de
martre-zibeline, de renard, d'écureuil ordi-

naire, d'ours du pays ou de Sibérie, de loup-
cervier, de loup, de mouton d'Astracan, de
Crimée, de Sibérie ou des Kirguis, de veaux
tués avant leur naissance, de chien de Sibérie, de lièvre, de mouton du pays; ces dernières ne sont pas les moins chaudes. Presque
toutes les belles fourrures, surtout celles
d'ours, viennent du nord de l'Amérique. C'est
un tribut considérable que le Nouveau-Monde
lève sur la Russie. Depuis vingt-cinq ans, le
prix des fourrures a quadruplé : cela tient-il
à la diminution des races qui les fournissent?
Il ne faut pas moins de deux mille francs pour
avoir une pelisse d'ours médiocre, et ce n'est
pas un objet de luxe.

Les soldats n'ont jamais de pelisses ni de
fourrures. Dans les garnisons, les sentinelles
ont parfois une paire de souliers chauds qu'elles
mettent par-dessus les bottes, et peut-être la
nuit mettent-elles une pelisse qui reste au
corps-de-garde; mais il n'entre pas de fourrure dans leur costume. L'empereur Paul passait des revues par les temps les plus durs. Le
jour des Rois, dans la grande cérémonie de
la bénédiction des eaux de la Néva, il exigeait
que toute la cour fût en bas de soie, quelque temps qu'il fît; mais aujourd'hui on ne
passe pas de revue s'il fait plus de 8 degrés de

froid. Pour exercer les soldats, il y a à Pétersbourg de grands emplacemens que l'on chauffe,
et où le froid ne peut être vif. Ce n'est pas
qu'il y ait une température déterminée pour
faire marcher les troupes. Dans la dernière
guerre de Finlande, elles tinrent campagne
l'hiver. Elles bivouaquèrent quelque temps
sur la mer, où le bois était rare, quoique le
mercure se gelât. Elles s'emparèrent ainsi de
quelques îles. On perdit des hommes par la
gelée, comme on peut l'imaginer. Nos froids
ne peuvent en aucune manière nous donner
une idée de ceux-là, et nous ne pouvons concevoir d'abord qu'il soit possible aux hommes
de les supporter.

Le bois, plus nécessaire encore que les fourrures, pourra manquer en Russie. En général
il y en a beaucoup dans ce pays, mais il est des
contrées qui en sont déjà dépourvues. On n'observe aucun règlement pour l'exploitation des
forêts; chacun coupe et défriche comme il
veut. Partout où l'on établit des fabriques
d'eau-de-vie, les bois sont bientôt détruits.
Dans les gouvernemens de Koursk, de Karkof,
de Tchernigof, on se chauffe avec de la paille;
on chauffe ainsi les maisons des riches; au
préjudice des bestiaux et de l'agriculture, on
ne se sert que de paille pour faire aller les fa-

briques d'eau-de-vie. Si le bois devient toujours plus rare, comment construira-t-on les
maisons? On ne peut penser sans frémir à une
telle privation dans un pareil climat!

L'être qui doit adoucir ces rigueurs de la
nature et suppléer à tant de lacunes, qui rapproche les hommes et les lieux, qui, à défaut
des fleuves arrêtés dans leur cours, transporte d'un bout de l'empire à l'autre ses productions diverses, ainsi que celles des autres
climats, qu'on charge de toutes les peines et
qui procure tous les plaisirs, qui contribue à
tout en recevant si peu pour lui-même; l'être
auxiliaire, indispensable au bonheur et même
à la vie de l'homme dans ce pays, et pour lequel l'homme fait si peu, le cheval, a reçu dans
ces climats toute la force et l'activité dont il
avait besoin pour résister à la température et
surmonter les distances. Dégénéré dans sa
taille, peut-être par les privations, mais non
dans son courage, il conserve sous le joug le
plus pesant cet air de force et de fierté qui est
le caractère natif de sa race, et lorsqu'on le
croirait accablé, son oreille se redresse, son
regard s'anime et brille de tout le feu nécessaire pour triompher de toutes les difficultés.
La tempête qui souffle dans sa crinière ne
saurait l'effrayer; mais s'il est instruit des

dangers qu'elle prépare, et si dans sa marche
la neige cède trop sous ses pas, il recule, il
résiste ; l'air qu'il chasse avec vigueur de ses
larges nazeaux, et son regard d'effroi, vous
annoncent qu'il y a quelquefois un gouffre
caché sous vos pas. Si dans l'obscurité la fureur des élémens oblige à attendre le jour, il
broute les branches des arbres, s'abreuve de
neige, et l'écarte avec ses pieds pour découvrir un peu de gazon ; au gîte, il n'exige de
son guide que peu de soins, il passe la nuit
couvert de frimas et de glace, et le lendemain il est fier et debout, tout prêt

A l'emporter comme l'éclair rapide.

En campagne, on le voit aller seul jusque
dans les rangs ennemis pour prendre sa nourriture, laissant ainsi au soldat tout le temps du
repos : il revient à sa voix pour le porter au
combat et le suivre dans la mêlée (28). Dans
les lieux où règne le luxe, il traîne un brillant
équipage, en portant sa tête de côté comme
pour contribuer à son élégance, ou pour voir sa
crinière qui descend quelquefois jusqu'à terre.

Le cheval russe réunit des qualités essentielles. Les petits chevaux de paysan qu'on
trouve dans les postes, font trente-cinq, quarante et quarante-cinq werstes sans débrider,

(neuf, dix, douze lieues) en trois ou quatre
heures quand les chemins sont beaux. Les seigneurs ont des chevaux plus grands (29) que
ceux des paysans, sans doute parce qu'ils les soi-
gnent mieux. Ils font avec leurs chevaux vingt
lieues par jour, pendant trois ou quatre jours
de suite. S'il fallait citer des exemples de ce
genre, il en est qu'on pourrait trouver très
extraordinaires. Une personne digne de foi
m'a dit, entre autres, que dans le gouvernement de Simbirsk , sur le Volga , elle parcou-
rait avec de petits chevaux tartares ou des
chevaux du Caucase, vingt lieues(quatre-vingts
werstes) sans débrider; qu'après les avoir laissé
reposer quatre heures, ils en faisaient encore
autant, et ainsi de suite pendant trois ou quatre jours. Un ancien militaire m'a assuré pa-
reillement avoir fait au sud-est du Caucase,
dans un pays de plaine, cent trente werstes
dans une nuit, sans débrider; c'est-à-dire trente-
deux lieues et demie. De la maison où j'étais à
Orel, il y avait cinquante werstes (douze lieues
et demie); nous faisions souvent ce trajet en
cinq heures, sans débrider. Les chevaux russes
ne sont pas jolis comme ceux du midi de l'Europe. Leur tête est trop plate en avant; le
dessous de la mâchoire est un peu gros. Les
chevaux des cosaques sont plus jolis dans leur

petite taille ; ils ont une finesse qu'on ne trouve
pas dans les chevaux russes. Il est rare, dans
ce pays, de voir un cheval qui ait les jambes
fines. Ce qui les leur gâte, peut-être, c'est
d'être ferrés à glace six mois de l'année, et
quelquefois davantage par la négligence de
leurs maîtres. On rencontre fréquemment des
chevaux arabes dans les haras de Russie.

Dans la dernière semaine du carnaval, les
paysans s'assemblent autour des villages et
s'amusent à glisser sur les pentes les plus ra-
pides. Assis sur de petits traîneaux, les jeunes
garçons s'élancent, tenant sur leurs genoux les
beautés du lieu, qu'ils emportent ainsi fort
loin. Il suffirait souvent du moindre choc

> Pour renverser *la nef aventureuse.*

Ce contre-temps arrive parfois, et ne contribue pas peu à égayer la bruyante assemblée.

Les riches ne dédaignent pas ce genre de plaisir. Dans les grandes villes, on élève aux endroits favorables des plans inclinés sur lesquels on jette de la neige et de l'eau qui se gèle
aussitôt. L'habitude de cet amusement a fait
construire ces montagnes d'été, récemment
imitées en France.

A la fin de février, le soleil prend de la force.
Quand le temps est calme et serein, on a de

beaux jours : les champs, éclatans d'une blan-
cheur qui remplit de joie, offrent partout à
admirer les effets de la neige qui charge si élé-
gamment les branches des arbres et l'éternelle
verdure des sapins; tout est espérance. Les
jours sont déjà plus longs ; le printemps va
renaître.

En effet, il dégèle aux endroits abrités du
vent et exposés au midi. Bientôt on trouve de
l'eau dans les fonds; de grandes places de terre
noircissent au milieu des champs, les routes
se gâtent. Mais si le temps se couvre et rede-
vient froid, il tombe de la neige, les chemins
s'égalisent, le traînage devient quelquefois plus
beau que jamais; l'hiver semble recommencer.

L'équinoxe du printemps n'est pas marqué
par ces tempêtes qui l'annoncent dans le midi
de l'Europe : cette époque est sous la puissance
de l'hiver qui les modifie et parfois les en-
chaîne.

On ôte des rivières les blocs de glace qu'on
doit conserver pour l'été. La glace se cassant
déjà sur les bords, rend les passages dangereux. On fait quelquefois une lieue en traîneau
sur le milieu d'une rivière, fort embarrassé pour
en sortir. Les paysans, avec les idées de prédestination que leur donne la paresse, s'y en-
tassent jusqu'au dernier moment, comme s'ils

n'avaient jamais vu la *débâcle* s'opérer. Il y en
a quelquefois de partielles vers la fin de mars.
Quelques jours d'un dégel soutenu font grossir
les rivières et mouvoir une grande étendue de
la glace qui les couvre ; mais un froid vif tarit
subitement toutes ces sources ; les eaux bais-
sent ; ces masses énormes qui allaient tout renverser, s'arrêtent amoncelées les unes sur les
autres, et inspirent la terreur, comme tous les
grands phénomènes de la nature, dont l'action
peut quelquefois menacer notre existence.

Au milieu de ce désordre, s'il se trouve un
étroit sentier encore praticable, l'homme n'hé-
site pas à s'y confier, ayant d'un côté ces rochers aigus qui le dominent et qui peuvent
à chaque instant le faire disparaître ; et de
l'autre, un large fleuve qui s'échappe en bouil-
lonnant de dessous la fragile surface qui le
supporte.

Enfin, ces eaux descendent de toutes parts,
les rivières se gonflent, la glace soulevée, ébran-
lée de leur lit où elle tenait par ses bords, est
emportée avec un grand fracas, renversant
tout ce qu'elle rencontre (*a*). Jetés dans l'in-

____

(*a*) C'est à cause du ravage que font les glaces que dès
la Pologne on trouve les ponts si mal faits et des digues
de moulins si peu solides ; on les fait pour six mois. Pour

térieur des terres , ces fragmens énormes offrent pendant long temps l'aspect d'immenses ruines.

L'hiver ne finit pas aussitôt après cet événement, car c'en est un pour les Russes. Il gèle encore, il tombe de la neige, du givre, de la pluie; la terre, durcie à trois ou quatre pieds de profondeur, ne se dégèle que lentement; elle reste long-temps humide à sa surface, lors même que le temps est sec, parce qu'elle ne cède que peu à peu à cette humidité devenue solide dans son intérieur; et que l'atmosphère, réchauffée par le soleil, lui enlève sous la forme d'épaisses vapeurs. On laboure déjà pour semer les blés du printemps, que la terre n'est pas encore tout-à-fait dégelée à l'intérieur. (30)

Les glaces partent ordinairement, dans la contrée où j'étais, du 8 au 15 avril de notre style. Les ponts sont aussitôt rétablis sur les grandes routes, et on peut de suite voyager sur des roues, parce que la croûte de glace battue sur les sentiers reste long-temps dure et empêche d'enfoncer.

Dans les derniers jours de carnaval (31), le

____

qu'ils puissent résister aux glaces , il faudrait les bâtir en pierre de taille, et quand on en aurait, on ne le ferait peut-être pas.

peuple a consommé toutes les provisions qui allaient lui être inutiles, ou qui pouvaient se perdre pendant un long carême ; à Pâques, il renouvelle ses excès ; il a amassé du beurre, des œufs, de la viande ; ses économies l'ont mis à même d'avoir de l'eau-de-vie ; il a long-temps jeûné : après la messe de la résurrec-tion, qui se dit à minuit, toute la Russie court à table, quelques nobles exceptés, pour se gorger et s'enivrer à plusieurs reprises pen-dant huit jours qu'on fait durer les fêtes. C'est encore le temps des indigestions, des incen-dies et des asphyxies par ivresse. Ce serait ce-lui des congélations, si la température n'était pas changée ; mais on célèbre à la fois le re-tour de l'abondance et celui de la belle saison. On se donne réciproquement des œufs, et on s'embrasse en se félicitant sur la résurrection du Christ. Le jour de Pâques, en sortant de la messe, les paysans viennent tous ensemble dans la cour du château, boire à la santé du seigneur, en lui annonçant cette heureuse nou-velle : il la leur renvoie en buvant à la leur ; car, dans ce pays, boire de l'eau-de-vie est la conclusion de tout.

On en a distillé tout l'hiver : les fabriques cessent d'être en activité à la fin de cette saison. Manquant de glace pour refroidir les appareils, on ne pourrait continuer avec avantage.

Les grains et d'autres objets de commerce se sont accumulés dans les petites villes (32). Les longs et larges bateaux qu'on voit sur les moindres rivières, partent après la débâcle, pendant que les eaux sont hautes; ils sont si peu solidement construits, si grands et si pesamment chargés, que, pour peu qu'ils touchent, ils se perdent, ou du moins la cargaison est avariée : ces bateaux ne durent pas.

La navigation intérieure offre peu d'avantages en Russie; elle est toujours difficile aux embouchures des grands fleuves, puisqu'il n'y a de marées ni sur la Baltique, ni sur la mer Noire, ni sur la mer Caspienne; elle est interrompue la moitié du temps, en sorte que les fonds qu'on met à construire des barques sont des capitaux morts pendant six mois de l'année, sans parler du dommage que les glaces causent aux barques : il vaut presque autant avoir des chevaux, et faire transporter par terre; c'est le parti que prennent beaucoup de marchands.

Un adage vulgaire dit, qu'entre le départ des glaces et l'établissement du beau temps, il doit y avoir quarante gelées ; que si elles ne viennent pas à cette époque, elles viennent plus tard, et qu'alors elles peuvent faire beaucoup de mal. Ce proverbe n'est pas rigoureusement vrai ; mais on peut dire qu'il faut trente ou quarante jours pour que le beau temps soit établi de manière à ce qu'on puisse ôter les double croisées des appartemens. Quelquefois le tonnerre gronde ; des pluies d'orage hâtent singulièrement la végétation, et changent en vingt-quatre heures l'aspect des prairies et des bois, où la violette fleurit presque sous la neige. Il se conserve de la neige dans les bois et dans les lieux plus à l'abri des rayons du soleil, jusque vers le 15 de mai : derrière des murs, par exemple, il n'est pas rare de trouver de la glace jusqu'au milieu de l'été.

On a pu voir, par ce que je viens de dire, que le solstice d'hiver, ou l'époque à laquelle le soleil lance le moins de rayons sur notre hémisphère, ne se trouve pas au milieu de la durée des froids. L'absence des rayons solaires fait d'abord que le froid s'empare de la terre ; mais lorsque tout en est pénétré, il faut un certain temps pour que le soleil puisse le dissiper. (33)

Notre globe retient, dans son intérieur, une certaine quantité de chaleur que l'action passagère des hivers ne peut lui enlever. Les puits ne gèlent pas ; l'eau des sources est toujours à la même température ; les fleuves coulent sous une épaisse couche de glace ; le froid ne peut s'introduire dans ces trous de huit ou dix pieds de profondeur, que les paysans russes creusent pour mettre leurs provisions. Lorsqu'on y descend, on voit leurs parois dures et gelées jusqu'à trois ou quatre pieds de profondeur : au-dessous de cette ligne elles sont humides et friables, pendant qu'il fait quelquefois dans l'air 30 degrés de froid. La température extérieure ne se fait jamais ressentir dans ces trous, dont l'ouverture est fermée par une trappe qui joint ordinairement assez mal. C'est d'après cette observation que la plupart des peuples des pays les plus froids creusent leurs habitations dans la terre. La fumée, dont elles sont habituellement remplies, ne corrige pas toujours assez le désavantage de leur humidité pour en mettre les habitans à l'abri du scorbut.

Un étranger ne peut s'empêcher de remarquer en Russie la facilité avec laquelle on conserve la glace. On la met dans des caves, ou tout simplement dans des trous comme ceux dont je viens de parler, et qu'on ne se donne pas la peine de recouvrir de terre. On l'y entasse, quelquefois sans lui laisser toute son épaisseur, afin qu'il y ait moins de vides entre les blocs. On en met quelquefois jusqu'au-dessus du niveau de la terre ; on la recouvre d'un pied de neige que l'on foule de manière à lui faire faire corps ; et, si c'est en plein air, pour la préserver des rayons du soleil et de la pluie, on élève au-dessus un hangar couvert de paille. La glace se conserve ainsi tout l'été.

Il ne gèle pas dans les caves et dans ces trous ; il y a même pendant l'hiver un ou deux degrés de chaleur ; cependant la glace ne s'y fond pas. Des bouteilles remplies d'eau qu'on place à une grande profondeur dans ces ondes solides, et par conséquent d'une température au-dessous de zéro, ne perdent pas leur liquidité quelque temps qu'on les y laisse. On dirait que la grande loi du calorique qui le fait tendre constamment à l'équilibre est ici suspendue.

Il ne faut pas quinze degrés de froid pour opérer la congélation du vin : on le transporte dans les temps les plus rigoureux de l'hiver, sans qu'il se gèle, en ayant la précaution d'envelopper les tonneaux avec des feutres qu'on arrose de manière à ce qu'il se forme une épaisse couche de glace. Le feutre revêtu de cette croûte extérieure, isole tellement le vin, et lui laisse perdre si peu de son calorique, qu'il demeure dans son état naturel. Une précaution qu'on dit nécessaire, c'est de ne pas laisser les tonneaux tout-à-fait pleins : on ôte toujours un peu du liquide qu'ils contiennent. Le mouvement qu'il peut avoir alors, fait, dit-on, qu'il est moins disposé à se solidifier.

La bière, moins spiritueuse, se gèle plus facilement que le vin ; mais comme c'est dans l'automne et le printemps (vers les derniers froids) qu'on en fait provision, comme on ne va pas la chercher loin, on ne revêt pas les tonneaux de feutre. On a soin seulement qu'ils ne soient pas pleins ; on les met sous quelque abri pendant la nuit : avec ces précautions on empêche la bière de subir la loi générale des corps aqueux exposés à l'action d'une basse température.

L'automne, les blés commencent à verdir avant l'arrivée des froids. Il gèle quelquefois très fort avant qu'il ne tombe de la neige ; quelquefois de fortes gelées venues aussitôt après des pluies ou des fontes de neiges, couvrent de glace de grandes étendues de terre où le blé paraît devoir se perdre. Je l'ai craint souvent : au printemps le blé y était aussi beau qu'ailleurs ; il est gelé beaucoup plus rarement qu'on ne croirait. Au commencement ou à la fin de l'hiver, lorsque la terre est mouillée et qu'il souffle un vent très froid, il meurt alors quelque peu de blé sur les hauteurs et du côté d'où vient le vent; mais cela n'arrive que dans quelques petites portions du sol, et n'est nullement sensible sur la totalité. L'hiver n'influe pas sur la récolte; on ne se met pas en peine qu'il soit plus ou moins rigoureux, qu'il y ait plus ou moins de neige. L'expérience a rassuré tout le monde à cet égard; elle a fait voir que le blé était presque toujours le même à la fin de l'hiver, et que c'était du temps qu'il faisait ensuite que dépendait la prospérité ou le dépérissement de la récolte. On ne parle point, en Russie, de disette occasionnée par le froid.

Contre l'opinion vulgaire, le froid agit aussi sous la neige, puisque la terre est dure à trois ou quatre pieds de profondeur. On ne dira pas qu'elle a été ainsi gelée avant d'être couverte de cette couche prétendue préservatrice; les froids n'ont pas été assez rigoureux. Un thermomètre placé sous la neige, pendant des températures différentes de l'atmosphère, prouve que lorsqu'un degré de froid se soutient dans l'air, il s'établit aussi, ou à peu près, sous cet abri de glace floconneuse ou légère. Cependant les feuilles si tendres, si aqueuses, du blé ne se gèlent pas; ce n'est pas seulement le grain qui se conserve; la même verdure qui paraissait sur terre à l'automne;

reparaît après la fonte des neiges. Il y a encore
si peu de feuilles qu'il est facile de voir que
les anciennes ne sont pas mortes, et qu'il n'en
est pas poussé de nouvelles; toute autre verdure se gèle, toutes les autres herbes meurent,
le blé seul survit aux froids. C'est une des con-
quêtes de l'homme sur la nature : ce grain fac-
tice (34) a acquis une force que l'on peut appeler surnaturelle, un degré de vie qui fait
résister sa tige encore si tendre aux lois physiques qui modifient si puissamment toutes
les autres productions du règne végétal.

Ne faut-il pas mettre au nombre des objets remarquables qu'on voit l'hiver dans les champs
de la Russie, ces familles errantes d'Égyptiens
(nommés à tort Bohémiens), que la rigueur
du climat ne peut toujours faire renoncer à
leur genre de vie? Privés de vêtemens, n'ayant
pour s'abriter que des lambeaux, soutenus sur
des perches, ils aiment mieux camper ainsi au
bord des grandes routes, où ils implorent la
générosité des passans, que d'avoir une demeure fixe et des occupations réglées. C'est en
vain qu'on a plusieurs fois entrepris de les
rendre agriculteurs : leur humeur vagabonde
l'a toujours emporté sur la raison ; toujours
ils en sont revenus aux habitudes dans lesquelles ils sont nés. Un jour d'une tempète

glaciale, visitant leurs tentes enfumées, je ne fus pas peu surpris d'y trouver deux femmes accouchées de la veille.

Les *villes de Russie* ont de loin quelque apparence; de nombreux clochers feraient croire que ce sont au moins des cités populeuses; à mesure qu'on s'en approche, l'idée favorable qu'on pouvait en avoir conçue disparaît. Ces édifices élevés par l'ignorance et la superstition du peuple, ou par l'imposture des grands, ont trompé vos regards : il n'y a presque pas de maisons entre ces inutiles églises qui ne doivent jamais se remplir. Cet espace, plus grand qu'il ne faudrait pour contenir une ville florissante, est presque vide et désert; quelques rues sont tracées, le reste de leur enceinte n'offre que des maisons en bois qui rappellent les idées de servitude devenues naturelles à tout ce qui n'est pas de haute condition; point de traces d'arts ni d'industrie. Une sale populace, qui serait toujours déguenillée si la température du climat permettait de sortir sans être bien vêtu, circule dans ces rues où passe rarement un homme. Quelques belles maisons, qui sont la demeure des grands, se trouvent là comme pour montrer la cause de tant de misère.

CHAPITRE II.

Des Russes sous le rapport de l'influence du climat et de la manière de vivre, et d'abord des paysans.

Les enfans naissent en général plus petits en Russie qu'en France ; les femmes y ont leur évacuation périodique moins abondante ; la petitesse des enfans est la cause principale de la rareté des accouchemens laborieux. Les paysannes russes ne sont secourues dans leurs couches que par de vieilles matrones de leur classe qui ne peuvent remédier à des cas graves ; et on n'entend pas dire que des femmes meurent pour n'avoir pas pu accoucher ; elles souffrent quelquefois long-temps, mais elles accouchent ; lorsqu'elles éprouvent trop de difficultés, on les conduit dans les étuves où l'on prend les bains, après les avoir bien chauffées.

On baptise les enfans le lendemain, le second ou le troisième jour après leur naissance, à moins qu'ils ne soient malades. Dans cette cérémonie, le prêtre prend l'enfant tout nu dans ses mains, le pelotonne en lui bouchant avec ses doigts le nez, la bouche et les oreilles, et le plonge trois fois de suite tout entier dans l'eau froide, en hiver comme en été. Chez les seigneurs, lorsqu'on baptise leurs enfans, ou lorsqu'on leur en donne à tenir sur les fonts baptismaux, ce qui arrive souvent, on ajoute un peu d'eau tiède, et encore y a-t-il des prêtres superstitieux qui ne le veulent point souffrir; mais chez les paysans on se sert de l'eau telle qu'elle est; quelquefois on ne peut pas y tenir la main tant elle est froide; il y a souvent des glaçons. On n'entend pas dire qu'il meure d'enfans dans ces immersions; cela doit cependant arriver : tout Russes qu'ils sont, ils ne peuvent pas encore être accoutumés à l'action du froid.

Vers le sixième jour après la naissance, et quelquefois plus tard, les enfans ont ce qu'on appelle en France *le millet*, *le muguet*, *la maladie aphtueuse des nouveau-nés*, que les Russes appellent *le lait, maladie du lait (malochnitsa)*, moins à cause de sa couleur que parce qu'on croit qu'elle provient de l'impression que fait le lait des nourrices sur la bouche des nouveau-nés.

Cette maladie consiste dans une éruption de points blancs saillans, plus ou moins nombreux, qui couvrent souvent la langue et tout l'intérieur de la bouche, accompagnée de chaleur, de fièvre, de malaise général, d'agitation, etc., et toujours d'une difficulté plus ou moins grande de téter pendant tout le cours de la maladie. Elle se termine en quatre, six, huit ou dix jours, par la chute de l'espèce de croûte blanche dont tout l'intérieur de la bouche était couvert, par la détersion des divers points ulcérés qui l'ont produite, et par la cessation graduelle des symptômes concomitans.

Le peuple russe ne regarde pas cette affection comme une maladie, parce que, dit-il, les enfans n'en meurent presque jamais. Il se trompe; il croit que l'éruption est bornée à la bouche, tandis qu'elle se prolonge souvent tout le long du canal intestinal : il ne lui attribue pas plusieurs accidens funestes qui en dépendent.

On a observé que cette maladie était beaucoup plus bénigne lorsqu'elle venait peu de jours après la naissance, que lorsqu'elle avait lieu plus tard : et comme il faut, selon eux, que tous les enfans l'aient une fois, on est très content lorsqu'elle vient de bonne heure.

Tous les enfans en général en sont atteints; il y en a très peu qui en soient exempts : elle attaque ceux des riches comme ceux des pauvres; elle vient l'été comme l'hiver; aux nourrissons des plus grandes dames comme à ceux des simples paysannes. Ce n'est donc ni la différence des saisons, ni la malpropreté, ni le régime des femmes, pendant les carêmes, qui en sont cause ; la plupart des dames, surtout celles qui doivent nourrir, faisant toujours gras. (35)

On pourrait penser aussi qu'elle tient à l'habitude où l'on est de plonger les enfans dans l'eau froide pour les baptiser ; mais il y a des enfans qui n'ont cette maladie que dans le deuxième, le troisième, le quatrième mois, quoiqu'ils aient été baptisés comme les autres deux ou trois jours après leur naissance. Et d'ailleurs, en Ukraine, où l'on se contente de jeter de l'eau sur la tête des enfans, dans la cérémonie du baptême, elle règne comme dans le reste de l'empire.

Elle doit tenir à une cause bien générale, puisqu'elle arrive si constamment et dans des circonstances qui paraissent si opposées. Or, je ne connais rien de plus général en Russie que la boisson dont on fait usage, le kwas ; c'est un breuvage acide préparé avec la farine de seigle, l'eau, et un peu de menthe ou de quelque autre plante aromatique qu'on laisse fermenter ensemble jusqu'à ce que ce mélange passe à l'acidité. On sépare alors le liquide, ou on le puise dans le tonneau à mesure qu'on en a besoin. C'est la boisson ordinaire aux champs et à la ville ; c'est celle dont usent journellement toutes les dames, comme les femmes du peuple et les paysannes : ne peut-elle pas communiquer au lait des propriétés qui le rendent capable de produire la maladie dont nous parlons, ou agir sur la bouche des enfans qui plus tard en font usage ? M. Sauponts avait cru remarquer que si cette maladie était si fréquente à l'hospice de Vaugirard, à Paris, c'était parce qu'on acidulait souvent les boissons des nourrices, parce qu'on leur faisait prendre de la crème de tartre pour remplir différentes indications, qu'on leur donnait des végétaux acides de toute espèce (*Journal de Médecine,* tome LXIV, page 176.)

Les paysannes russes sont mauvaises nourrices ; le manque de bons alimens, surtout pendant leurs fréquens et longs carêmes (36), la malpropreté et le défaut de soin, font que leurs enfans sont peu robustes tout le temps de l'allaitement. Chaque mère nourrit son enfant ; elles consentent difficilement, ou même elles ne consentent jamais à aller chez un étranger comme nourrice, à moins que ce ne soit chez leur seigneur ; on leur accorde pour cela de grands avantages.

Dans leurs premières années, et surtout dans les saisons pluvieuses et l'hiver, les enfans des paysans russes sont pâles et faibles. Les fréquentes alternatives de froid et de chaud qu'ils éprouvent en sortant à chaque instant presque nus devant la maison, et le défaut d'exercice en plein air dans cette saison de repos et d'oisiveté pour eux, ajoutent aux causes dont j'ai déjà parlé, et retardent leur développement. L'enfance est réellement pénible pour cette classe qui est si nombreuse. Ces êtres encore délicats, privés des moyens nécessaires pour résister à leur climat, en éprouvent d'abord une fâcheuse influence. Nourris de crudités, beaucoup sont sujets aux vers et aux convulsions qu'ils occasionnent. Les enfans ne deviennent robustes que vers la puberté; il en meurt beaucoup avant cet âge; on peut dire qu'il ne se sauve que les plus forts; et ceux-là le sont réellement. Il doit mourir, proportionnellement, beaucoup plus d'enfans en Russie qu'ailleurs. (37)

La petite-vérole y a exercé de grands ravages. On peut facilement le concevoir quand on connaît l'apathie de ce peuple et ses idées de prédestination.

Maintenant la vaccine y est assez répandue; les paysans la confondent avec la petite-vérole, ils lui donnent le même nom (*vospa, bocna*). Ils croient que c'est elle qu'on leur donne, et ils savent qu'on ne l'a qu'une fois. On a dû éprouver beaucoup de difficultés à l'introduire ; mais l'autorité et surtout l'exemple de leurs seigneurs les ont surmontées. Comme c'est une pratique qui ne demande pas beaucoup de soin, ils s'y prêtent. On vaccine habituellement dans les contrées où j'ai demeuré. Dans les maisons un peu considérables, l'homme qui est chargé de soigner les domestiques et les paysans malades, vaccine à certaines époques. J'ai vu la petite-vérole sur des terres où l'on avait négligé d'employer ce préservatif. Les paysans de la couronne, que personne n'oblige à prendre cette précaution, peuvent encore avoir la petite-vérole, presque comme avant l'introduction de la vaccine, et en nourrir le germe lors même qu'elle aurait disparu des terres seigneuriales.

La rougeole fait beaucoup de victimes. Cette maladie exige des soins, surtout pendant la convalescence : les impressions de l'air sont alors dangereuses ; et les paysans russes ne se figurent pas qu'on soit malade tant qu'on peut se lever. Ils n'ont pas un lit ; nulle part les malades ne se refroidissent autant, puisque là, comme ailleurs, la rougeole sévit ordinairement l'hiver.

Les scrophules (*zalatouka*) sont connues, mais elles sont rares. Lorsqu'en Russie elles se manifestent chez des adultes, elles sont un vice plus réel qu'ailleurs, puisque les individus qui en sont atteints se trouvent placés hors des circonstances ou des conditions qui semblent produire cette maladie dans nos villes, telles que l'habitation des rues étroites et humides, le défaut d'insolation, le peu de vivacité de l'air; rien ne se ressemble tant en Russie que les habitations, la manière de vivre, les travaux; l'air y est sec et vif tout l'hiver. Comme tout le monde semble placé dans la même condition ou soumis à l'action des mêmes causes, quelques personnes seulement offrent des traces de cette maladie : l'existence d'un état particulier, ou de la constitution scrophuleuse, en est plus prouvée. Ce n'est pas un simple étiolement, une simple affection asthénique, comme bien des raisons porteraient à le croire dans nos contrées : en Russie, c'est une maladie spécifique qui est souvent active.

On y voit quelques enfans rachitiques, et la plupart sans avoir offert auparavant des signes d'affection scrophuleuse. On appelle le rachitisme la *maladie anglaise;* elle est proportionnellement plus commune chez les enfans des seigneurs et de leurs nombreux domestiques, que chez ceux des paysans.

Jusque vers l'âge de huit ou dix ans, tous les enfans des paysans ont les cheveux blonds, et tellement blonds, qu'ils en sont presque blancs; ils se rapprochent d'autant plus de cette couleur, que les enfans sont plus jeunes; ils changent insensiblement, et deviennent d'un châtain clair ou roux; ils sont tels vers la puberté, et jusqu'à la vieillesse. Alors les cheveux et la barbe deviennent gris, mais presque jamais blancs. Il est rare de voir un homme avec les cheveux ou la barbe blanche, quoique parmi les paysans il ne soit pas rare de trouver des centenaires.

Les cheveux des femmes, souvent très longs, sont d'un roux un peu plus clair que ceux des hommes, et se rapprochent de la couleur qu'on appelle cheveux d'Apollon.

La couleur claire des cheveux des jeunes enfans doit dépendre de la manière de vivre des paysans, de leurs habitations, enfin de quelque cause qui leur est particulière, puisque les jeunes enfans des nobles ne leur ressemblent pas sous ce rapport; ils ont des cheveux châtains, blonds, bruns ou noirs, variés enfin, selon ce qu'ils doivent être par la suite; au lieu que les enfans des paysans sont tous de la même couleur blanchâtre : ce caractère est facile à constater dans leurs réunions, et surtout dans les églises.

La puberté est un peu plus tardive que dans nos contrées ; elle n'arrive que vers quinze ou seize ans. Cette révolution n'est aussi prononcée ni dans le physique, ni dans le moral.

On marie les jeunes gens de bonne heure; quelquefois à quatorze ou quinze ans : ce sont les parens qui les unissent par spéculation (38), par le désir d'augmenter leurs revenus sans avoir beaucoup plus de peine; on les marie sans s'informer s'ils s'aiment, s'ils se conviennent. Il est vrai qu'il faudrait souvent attendre long-temps si l'on voulait voir se manifester quelque inclination : ils paraissent peu susceptibles d'éprouver le sentiment de l'amour.

Ainsi l'esclavage qui semble devoir favoriser la population, puisque, dans cette condition, on ne doit jamais être embarrassé de nourrir des enfans, la retarde, peut-être, par des mariages précoces. Il semble que les enfans nés d'un père ou d'une mère qui n'ont pas acquis tout leur développement, doivent s'en ressentir; que s'ils se marient trop tôt à leur tour, et que leurs descendans les imitent, l'espèce doit dégénérer. Beaucoup de ces jeunes

époux ne commencent à avoir d'enfans que
deux, quatre, cinq ou six ans après leur mariage ; on voit rarement de nombreuses familles. Les femmes du peuple, parmi lesquelles
on trouve chez nous des exemples si remarquables de fécondité, n'ont guère que trois ou
quatre enfans. (39)

Cependant la population augmente, et l'espèce est belle en Russie ; on le conçoit par le
grand nombre de mariages ; il n'y a presque
pas de célibataires, tous se marient : et, par ce
que j'ai dit des enfans les plus faibles, on ne
voit ni boiteux, ni bossus, ni de ces êtres ché-
tifs qu'on rencontre ailleurs et qu'on peut regarder comme le déchet de la civilisation. Les
Russes sont forts de santé et très durs envers
eux-mêmes ; mais ils n'ont pas cette force effective ou musculaire que donne ou que déve-
loppe le travail. Il y en a bien peu parmi eux
qui aient exercé, qui aient connu leur force.
Les privations, les rigueurs du climat, et
l'absence de soucis, leur laissent une force de
santé, et, si l'on peut s'exprimer ainsi, une
pureté du principe vital qui fait que leurs maladies sont simples et se guérissent facilement.
Mais où le moral pourrait avoir quelque influence, ils n'ont pas le même avantage que
d'autres ; ils se laissent facilement abattre : leur

abattement moral ne va pas loin, il est vrai, parce que leurs idées se bornent presque au physique; mais ils ne supportent pas volontairement la douleur maladive; on ne peut pas les relever par le courage. Telle est leur constitution, malgré l'abus de l'eau-de-vie, capable, en apparence, de détruire cette heureuse disposition physique : ce qui serait excès pour nous dans cette boisson, ne l'est pas pour eux ; le climat, leur nourriture presque végétale en empêchent les mauvais effets.

Les Russes sont d'une taille moyenne, et il y en a de grands. Lorsqu'on est accoutumé à leur barbe, on trouve parmi eux des figures agréables, surtout par leur air de santé; mais peu de belles figures, d'après les modèles de la Grèce et de Rome. Ils ont les pommettes saillantes, leurs yeux gris en paraissent plus petits et plus enfoncés : ces caractères peuvent dépendre de ce que les peuples du Nord ont habituellement le haut de la figure gonflé par le froid. Leur nez est court, aplati : rarement trouve-t-on un nez saillant dans le Nord, comme on en voit dans le midi de l'Europe. Ainsi le froid peut l'empêcher de se développer : la bouche est grande, garnie de dents de la plus grande beauté (40); la voix est étouffée par la barbe chez les hommes; la mâchoire est large et lourde, la face carrée; les Russes ont, en général, les traits durs et la tète grosse.

Leur corps est blanc, peu velu; leurs membres sont minces par défaut d'exercice et de travail. Leur physionomie, sur laquelle on ne peut lire aucune volonté, ne manque pourtant pas de finesse.

Leur tempérament est le tempérament lymphatique durci au froid, avec une teinte du tempérament sanguin. Il y a bien peu d'affections bilieuses en Russie; l'influence du foie diminue vers le Nord. On pourrait dire que le défaut de prédominence d'un organe que les anciens regardaient comme le siége de l'ambition (41), dispose à la servitude, si l'on n'avait la preuve du contraire sous la ligne, et si l'on ne savait, d'ailleurs, que le moral des hommes dépend des circonstances dans lesquelles ils se trouvent placés. Les Russes seraient plus près d'avoir une teinte du tempérament nerveux que du tempérament bilieux.

Là comme ailleurs, les paysans n'ont jamais d'embonpoint, tandis que dans les villes on voit beaucoup de marchands qui mènent une vie sédentaire et qui boivent du thé par désœuvrement, en acquérir beaucoup, ainsi que certains nobles.

Avec une telle constitution, le paysan russe

serait actif, le climat saurait bien le forcer à le devenir; mais le despotisme lui ôte la volonté, et avec elle la jouissance de ses avantages physiques. L'été, il ne pense seulement pas à changer de chaussure; il reste à peu près toute l'année les jambes empaquetées, sauf à se remuer plus lentement. Cependant il semble montrer parfois de la vivacité; nulle part on ne voyage si vite qu'en Russie; nulle part l'homme indifférent qui vous conduit ne se presse autant d'arriver; c'est peut-être encore une plus grande preuve d'insouciance, de défaut de soin : il ne ménage pas plus ses chevaux que s'ils appartenaient à un autre.

La vieillesse y est exempte d'infirmités. On ne voit pas de vieillards cassés comme dans notre pays, sans doute parce qu'ils ont beaucoup moins travaillé qu'on ne fait en France; ils sont droits et secs; beaucoup passent cent ans. Dans le village où je demeurais, il y avait un homme qu'on disait avoir cent quinze ans; mais il ne faut pas croire à tout ce qu'on raconte des exemples de longévité, les naissances n'étant pas exactement constatées.

Les Russes marchent la pointe des pieds en dedans, surtout les femmes. Cela peut provenir de leur chaussure et de l'habitude de marcher sur la neige. Les nations qui portaient le

cothurne tournaient les pieds moins en dehors
que nous : les chefs-d'œuvre de l'art qui nous
rappellent les attitudes antiques, que notre
grand tragique sait si bien faire revivre, sont
en faveur de cette opinion.

Les varices aux jambes ne sont pas rares ; il
est étonnant qu'elles ne soient pas plus communes, lorsque la chaussure est habituellement assujettie autour des jambes de manière
que celles-ci portent souvent l'empreinte des
cordes.

Les hernies inguinales sont fréquentes chez
les hommes. Est-ce parce que leurs pantalons
étant toujours sans ceinture, les parois du
bas-ventre ne sont pas soutenues ?

Les paysans russes supportent bien le froid ;
vêtus comme ils le sont, vous le supporteriez
peut-être aussi-bien qu'eux; mais il influerait
sur votre humeur, tandis qu'ils n'y pensent
pas. Ils sont les mêmes en voyage par des temps
affreux, par des tempêtes pires que le froid,
que s'il faisait beau. Ils sont nés sous ce ciel,
c'est le leur. Voyager la nuit, le jour, pendant
des mois entiers, pendant plusieurs mois de
suite, coucher dehors dans la saison la plus
rigoureuse de l'année, ne paraît pas leur coûter
d'efforts; c'est tout naturel pour eux ; ils l'ont
fait depuis leur enfance, c'est là qu'ils excel-

lent à montrer la force d'inertie; ils sont incomparablement plus propres à ce qui exige la constance inactive qu'aux travaux dans lesquels il faut une vigilante activité.

Les paysans russes sont sobres; leur nourriture principale est le pain de seigle et le gruau de sarrasin. La viande est à bon marché en Russie; ils en mangent assez dans les temps où elle est permise, mais ils ne tiennent pas à en avoir pendant leurs carêmes; ils ont, pour y suppléer, outre leur gruau ordinaire, des choux aigres, des betteraves, des concombres, des champignons, des radis, du raifort, qu'ils assaisonnent avec de l'huile de chanvre, rarement avec celle de pavot. Ils cultivent peu de pommes de terre, qui pourraient être pour eux une si grande ressource; la seule raison qui fait qu'ils s'en passent, c'est sans doute qu'elles exigent trop de soins; ils renoncent probablement pour la même cause aux pois, aux fèves, aux haricots, aux lentilles, dont on voit très peu en Russie; le sarrasin leur tient lieu de tous ces légumes.

La sobriété des paysans russes porte principalement, comme on le voit, sur la qualité des alimens. *L'hiver et le printemps, les estomacs sont plus chauds*, a dit Hippocrate; c'est-à-dire qu'ils digèrent plus facilement. L'action stimulante que le froid exerce sur nous peut expliquer cela. Comme on a observé qu'il existait une grande sympathie entre l'estomac et la peau, il est naturel que cet organe se ressente plus que d'autres de l'influence tonique d'un froid sec, et par conséquent qu'il fasse mieux ses fonctions dans les pays froids que dans les pays chauds ; considération importante dans l'étude, non seulement du physique, mais encore du moral de ces peuples. On mange donc davantage dans les pays froids : j'ajoute qu'on peut y manger impunément beaucoup plus de viande. Tous les Français qui ont habité la Russie ont pu remarquer comme moi que les nobles russes mangent beaucoup moins de pain et beaucoup plus de viande que nous sans en éprouver d'inconvénient. Le régime des habitans des pays froids peut être très azoté, ou composé en grande partie de substances animales, tandis que chez les peuples qui approchent de la ligne on le voit devenir presque entièrement végétal ; et encore ont-ils de la peine à éviter de cette manière les maladies aiguës que le climat ou une grande chaleur font naître.

Si le froid engourdit la superficie du corps, il semble augmenter l'énergie de la vie intérieure ; s'il émousse les sensations externes,

il semble propre à élever la réflexion. On l'a
dit souvent : l'habitant du Nord ne peut avoir
cette finesse de tact, cette mobilité nerveuse
qui rend les méridionaux si sensibles aux
moindres impressions, et les fait changer pour
ainsi dire à chaque instant de sensations qu'ils
ont d'abord épuisées, de goûts, de plaisirs et
de volonté ; ses idées sont moins fines, moins
subtiles, moins promptes ; mais ses goûts sont
plus constans, et sa volonté paraît aussi difficile à émouvoir que son système nerveux.
Cette qualité peut dédommager sans doute de
la privation de beaucoup d'autres. Avec des
hommes qui se sont ainsi exercés toute la vie
à la constance, en luttant contre le froid, cet
ennemi si dangereux, on peut faire de grandes
entreprises ; on ne doit pas reculer devant ce
qui n'exige que de la persévérance, de la te-
nacité ; mais on ne doit pas se dissimuler non
plus que dans l'état de perfection où se trouvent maintenant les sociétés, la force est souvent du côté de l'intelligence.

Un froid intense agissant puissamment sur
nous, peut occasionner des maladies. Les Russes évitent avec soin de se refroidir en voyage.
Il est vrai que lorsqu'on sent le froid, dans ce
pays, on peut ne pas le sentir médiocrement ;
le moindre refroidissement peut donner lieu

à ce qu'ils appellent *la fièvre chaude*, que nous nommons *le typhus*, ou fièvre nerveuse. Cette maladie consiste dans une fièvre avec grande chaleur, violent mal de tête, en un état de stupeur des sens, ou quelquefois de délire; souvent éphémère, elle peut se prolonger, devenir très grave, et se terminer d'une manière funeste; le repos, leur boisson acide (le kwas) ou l'eau acidulée dans laquelle ils ont conservé les concombres, sont des remèdes suffisans contre ce mal lorsqu'il est léger; et lorsqu'il est grave, la saignée dans le principe, et plus tard les toniques et les vésicatoires peuvent devenir nécessaires. En France, et dans les autres parties de l'Europe, on désigne aussi cette maladie sous les noms de *fièvre d'hôpital*, de *fièvre des prisons*, de *fièvre des vaisseaux*, parce qu'elle se manifeste presque uniquement dans les endroits où l'air est corrompu par l'entassement d'un grand nombre d'hommes. On a observé qu'elle s'était développée avec beaucoup plus de facilité dans les guerres d'Allemagne et de Russie que dans celles d'Italie et d'Espagne, où elle a été rare comparativement. On a dit avec raison que dans le midi de l'Europe, les habitations étant plus vastes, plus ouvertes, et les hommes s'y entassant moins, parce que le climat est moins rigoureux, il était plus facile d'y entretenir l'air à l'état de pureté nécessaire, tandis que pour des raisons contraires il était très vite vicié dans les habitations des pays froids. Ces idées paraissent fondées ; mais ce qui ajoute beaucoup à l'action de ces causes, déjà trop propres à produire le typhus dans le Nord, c'est l'action du froid lui-même, qui, comme je viens de le dire, d'après l'observation des habitans du pays, est capable, lorsqu'il est aussi intense, de produire le typhus. *Telle personne a la fièvre chaude,* disent les Russes, et ils ajoutent aussitôt, pour en indiquer la cause, *elle se sera refroidie.* Le froid peut agir en arrêtant tout à coup une transpiration insensible, et en corrompant ainsi nos liquides par la rétention de ceux qui étaient destinés à ne plus faire partie de nous-mêmes, ou en affectant d'une manière quelconque le système nerveux cérébral qui paraît principalement atteint dans cette maladie ; quelle que soit la valeur de ces explications, cette fièvre est plus commune en Russie que partout ailleurs. Lorsqu'elle est ainsi sporadique, ou qu'elle n'attaque qu'accidentellement quelques personnes, elle n'est pas contagieuse ; mais elle serait susceptible de le devenir si plusieurs personnes affectées de la même manière se trouvaient réunies dans la même enceinte. J'ai déjà dit combien elle avait été meurtrière à la fin de 1812, et pendant l'hiver de 1813. (Voyez pages 79 et suiv.) Elle fit périr plus des deux tiers des prisonniers de guerre, beaucoup de soldats russes, et encore plus d'habitans : elle fit incomparablement plus de mal que le fer et le feu.

La maladie syphilitique existe dans l'intérieur de ces campagnes ; on la trouve fréquemment dans les villes, et dans les villages qui sont sur le bord des grandes routes ; je l'ai vue dans des lieux très retirés : quelquefois elle avait été apportée par des soldats qu'on y avait mis en cantonnement ; d'autres fois on ne pouvait dire d'où elle était venue ; mais elle doit se répandre facilement dans un pays où les nobles voyagent avec un grand train de domestiques, où les paysans vont très loin transporter le blé et les objets de commerce, où les mœurs sont très relâchées, où les paysans et les gens du peuple se font rarement traiter ; ils s'adressent quelquefois à de bonnes femmes qui leur font des remèdes ou insignifians ou trop actifs ; elles emploient souvent des fumigations mercurielles qui noircissent les dents, et éprouvent les constitutions les plus fortes.

On appelle la maladie vénérienne *le mal français, la mauvaise maladie.*

Les symptômes primitifs sont beaucoup plus rares en Russie qu'en France : le virus se glisse plus sourdement.

Les symptômes consécutifs se manifestent de préférence dans le nez, à la voûte du palais, et à la luette, par des ulcérations.

Il existe en Russie une variété de la syphilis assez commune parmi les paysans, qui ressemble beaucoup plus à celle qui a été observée dans les provinces illyriennes au commencement de ce siècle, et qu'on a décrite sous le nom de *mal de scherlievo*, qu'à toutes ses autres modifications, telles que le sibbeus, le mal du Canada, l'épian ou yaws.

Cette affection consiste ordinairement dans des parties plates et ulcéreuses de la grandeur du bout du doigt, plus ou moins, qui se manifestent pour premier symptôme de la maladie dans l'intérieur de la gorge et altèrent la voix, sur les amygdales, à la voûte du palais, à l'intérieur des joues, à la surface et aux côtés de la langue, et dans le nez, souvent avec un malaise général et un aspect de cachexie syphilitique.

Cette variété ne se communique pas ordinairement comme l'autre, mais se transmet avec la plus grande facilité par le contact, c'est-à-dire, par l'usage des mêmes vases ou ustensiles, tels que les verres, les cuillers, par la négligence des soins de propreté. Je l'ai vue attaquer des familles entières, le père, la mère et plusieurs jeunes enfans, qui paraissent la gagner plus facilement que les grandes personnes.

En la voyant commune chez les paysans et chez les domestiques entassés dans d'étroites maisons, et rare chez les riches, qui l'ont en outre beaucoup moins forte, on ne peut méconnaître l'influence de la malpropreté et du défaut de soins sur sa transmission et sur son intensité. Dans quelques cas, toute idée de contagion était si peu supportable qu'il semblait plus naturel d'admettre que la maladie était née spontanément de la misère, de la malpropreté; rappelons-nous que c'est dans les temps de barbarie, sous le règne de la féodalité, que la lèpre a ravagé l'Europe.

La maladie syphilitique guérit souvent d'elle-même chez les paysans russes. J'en ai vu plusieurs qui avaient eu la luette détruite, la voûte du palais perforée, la cloison du nez cariée; qui avaient eu sur les épaules et sur les avant-bras des ulcères dont il restait encore de larges cicatrices; je les ai vus, dis-je, guéris sans avoir fait aucun remède, et avoir depuis plusieurs années une santé robuste lorsqu'ils avaient éprouvé des effets aussi marqués d'une cause non équivoque. On a beaucoup parlé de l'exemple rapporté par Van-Swiéten, d'un jeune homme qui, après plusieurs traitemens mercuriels infructueux, alla, par le conseil de cet habile médecin, habiter la campagne, où il guérit bientôt sans faire aucun remède, en menant la vie des paysans. Ce phénomène n'en est pas un en Russie ; ces cures spontanées y sont fort communes. Le régime des paysans russes est bien fait pour avoir une action particulière ; il se peut qu'il modifie les constitutions et les maladies devenues constitutionnelles. (42)

Je n'ai vu qu'une seule plique en Russie ; et, ce qui est digne de remarque, il se trouva que la vieille dame qui en était affectée, fixée en Russie depuis son enfance, était née en Pologne, de parens Polonais.

Les paysans russes sont ordinairement plongés dans une sorte d'apathie. Ceux qui voyagent, et les ouvriers, paraissent plus gais : les ouvriers imitent assez bien les ouvrages étrangers, les objets de luxe et de goût ; mais leur travail n'a que la superficie ; il ne faut pas y chercher les qualités essentielles.

Peut-être les beaux-arts sont-ils destinés à ne jamais fleurir dans les climats rigoureux,

où de pressans besoins occupent sans cesse
la pensée et arrêtent l'imagination. Du moins,
si le beau idéal a des rapports avec la force et
l'utilité, doit-on s'attendre à voir naître sous
un ciel sévère, des conceptions bien différentes de celles que fit éclore le beau ciel de la
Grèce et de l'Italie. Le génie qui crée ne faisant que réaliser les rêves heureux de l'imagination, il est naturel que ses productions
diffèrent selon les lieux qui ont une si grande
influence sur la disposition habituelle du moral de l'homme, sur ses goûts et sur ses plaisirs. L'habitant des régions septentrionales
ne représentera jamais les grâces vêtues d'un
voile léger, pressant de leurs pieds délicats le
sol hérissé de glaçons sur lequel il a lui-même
tant de peine à se garantir de la douleur. De
pareils tableaux ne peuvent être de sa part que
des imitations. Les chefs-d'œuvre de l'architecture, placés loin du ciel qui les inspira,
perdront de leur beauté en perdant les rapports qu'ils avaient avec les objets de la nature. L'œil rencontre avec moins de plaisir
le fût de la colonne corinthienne sous un ciel
rempli de frimas, où la feuille d'acanthe ne
sert qu'à rappeler les sensations perdues d'une
nature animée de toute sa force de végétation.
A ces corniches, à ces entablemens (chargés

de neige), à ces ornemens nombreux sur lesquels les regards aiment à se reposer, il manque d'être éclairés par le soleil de la Grèce ou de l'Italie, qui seul peut opérer les effets de lumière pour lesquels ces lignes et ces contours avaient été imaginés. Ce n'est pas là ce qu'aurait produit le génie du lieu, s'il n'eût obéi qu'à son impulsion : mais il a été entraîné par l'ascendant d'un genre de beauté supérieure, qui plaît généralement à tous les hommes, et qui les condamne, peut-être, pour toujours à l'imitation. Là, l'imitation a du moins cet avantage de substituer des idées riantes aux tableaux sérieux qu'inspireraient des lieux austères, si l'on s'abandonnait trop à l'impression qu'ils produisent sur nous.

Le culte des contrées heureuses peut être un culte de reconnaissance ; celui des pays moins favorisés de la nature est un culte d'espérance mêlée de crainte, que la religion vient épurer et raffermir.

Avant que le christianisme eût pénétré dans ces contrées, on peut dire qu'elles étaient, pour les idées religieuses sous l'influence des élémens courroucés qui, agissant fortement sur l'imagination, ne pouvaient manquer de modifier jusqu'à l'idée de la mort, et jusqu'à celle des puissances suprêmes. Ces peuples eurent leur ciel et leur enfer, comme ils avaient leurs idées de félicité et leurs songes; et quelque bons chrétiens qu'ils puissent devenir, on ne peut imaginer qu'ils le soient jamais à la manière des habitans de Rome ou du midi de l'Europe.

Les Russes ne sont peut-être pas tout-à-fait débarrassés du culte des images qui leur était resté de l'idolâtrie, et auquel ils se livraient encore au dix-septième siècle : aux ornemens dont ils surchargent les images de la Vierge et des saints, à l'empressement avec lequel ils s'inclinent en faisant des signes de croix devant ces tableaux religieux dès qu'ils entrent dans leurs maisons où l'on en trouve toujours plusieurs réunis, au pouvoir qu'ils accordent à la vierge de Kazan ou de tel autre lieu, au saint Nicolas de telle ou telle église, à la dévotion avec laquelle ils portent toute la vie des images protectrices suspendues au cou, à la confiance avec laquelle ils placent sous les saints les malades qui paraissent en danger (43), on peut croire qu'il ne se bornent pas à regarder les images comme des représentations, mais qu'elles sont à leurs yeux des puissances réelles qui participent à une essence supérieure : il est vrai qu'en cela ils n'en agissent guère différemment de nous. Si nous

sommes moins disposés à voir des miracles,
nous avons cependant des églises, des cha-
pelles, des grottes, où l'on se rend de préférence pour adorer et prier; et lorsque le
fidèle prosterné devant les objets de son culte
les invoque avec ferveur, il est difficile de dire
jusqu'où va son zèle, si l'émotion de son âme
lui permet d'établir des différences entre la
majesté divine ou la sainteté, et les formes qui
les représentent. Mais le culte des images se
montre et a des inconvéniens lorsqu'il conduit à une adoration exclusive, lorsqu'il porte
à en décorer tout l'intérieur des temples où
chacun vient implorer celle qui captive sa
foi, lui reconnaître un pouvoir qu'il refuse à
toutes les autres, et prétend lui donner dans
le lieu saint la première place comme elle
l'obtient dans son cœur; de là peut naître un
esprit de controverse toujours dangereux, en
ce que toutes ces discussions, faisant perdre
de vue le vrai Dieu, doivent nous égarer de
plus en plus. Or, c'est ce qui existait chez les
Russes, au dix-septième siècle, comme le
prouve ce passage de L'Évesque : « Alors, dit
« cet historien, on accordait aux images un
« culte idolâtrique, qui doit faire pardonner
« aux anciens iconoclastes. Chacun se dispu-
« tait à qui pourrait attacher aux murailles

« d'une église une image qui lui appartînt, à
« qui ornerait la sienne à plus grands frais. On
« rendait à ces représentations un culte super-
« stitieux qui troublait le culte public. Elles
« étaient souvent clouées au mur opposé à
« l'autel; les dévots leur adressaient leurs priè-
« res pendant la liturgie, et tournaient le dos
« aux mystères. Le maître d'une image ne souf-
« frait pas qu'un autre lui adressât des vœux ;
« s'il le prenait sur le fait, il l'outrageait et le
« poursuivait jusqu'à ce qu'il en eût obtenu
« des dédommagemens : *Tu n'as*, disait-il,
« *qu'à te pourvoir d'un saint qui t'appartienne ;*
« *on ne se ruine pas à parer le sien d'or, de*
« *perles, de pierreries, pour lui voir accorder des*
« *grâces à d'autres.* Le patriarche Nicon eut la
« sagesse de faire ôter toutes ces images des tem-
« ples, et s'attira des ennemis qui ne contri-
« buèrent pas peu à sa perte. » Plus tard, Pierre III
fut encore obligé d'ordonner à l'archevêque de
Novogorod de veiller à ce qu'on supprimât cette
quantité d'images qui remplissaient les églises.
Ce que nous voyons aujourd'hui de particulier dans les marques extérieures de la piété
des Russes et dans leur foi affectueuse pour
tel ou tel saint, pour la Vierge de tel ou tel
lieu, etc., paraît être un vestige de ces pieuses
erreurs.

Dans la religion catholique grecque qui est la dominante, il s'est formé plusieurs sectes en Russie. La plus considérable est celle des rascolnicks; elle compte parmi ses adeptes beaucoup de marchands, peu de nobles, à moins que ce ne soit de la classe inférieure, et des paysans. Leur croyance diffère peu des vrais dogmes. Ils ont une manière de faire le signe de la croix et de se nourrir pendant les jours maigres et le carème, qui peut les faire reconnaître. Ils ne sont pas tolérés; mais on est loin de les persécuter; on ferme les yeux et on les méprise comme tenant à la lie du peuple par l'ignorance. Je ne sais par quelle série de raisonnemens ils en sont venus aux condamnables excès qu'ils commettent quelquefois. A six lieues d'Orel, nous passions souvent dans un village dont les habitans étaient à peu près tous rascolnicks : des personnes éclairées et dignes de foi m'ont souvent assuré que, dans leur zèle mal entendu, beaucoup de ces paysans s'étaient privés volontairement des sources de la reproduction. La plupart des marchands d e la ville de Bellof sont de cette secte. Je fus un jour dans une maison voisine de cette ville; on parlait d'un enfant qui avait disparu, et on soupçonnait, sur des raisons plausibles, sans doute, les rascolnicks de l'avoir offert en sacrifice. Le capitaine chargé de la police du district était à la recherche des auteurs de ce crime. C'est surtout lorsqu'on observe l'homme encore plongé dans les ténèbres de l'ignorance, qu'on sent pour lui le besoin d'une religion révélée. Par quelles funestes erreurs sa faible raison ne passe-t-elle pas avant de parvenir à des vérités utiles! à quels travers l'esprit humain ne peut-il pas se livrer lorsqu'il sort du cercle de ses besoins physiques, ou lorsque, plus avancé vers la perfection, il abandonne les routes de la morale évangélique!

Dans tous les pays il y a des sorciers, et l'on sent bien que celui-ci ne devait pas faire exception. Les Russes en ont beaucoup; pour peu que les maladies dont ils sont atteints traînent en langueur, ou leur paraissent inexplicables, comme le sont la plupart des maladies nerveuses, ils sont très portés à les attribuer à un ennemi capable de donner du mal. Ils venaient souvent me demander des secours contre ces influences malignes. Il paraît, par l'expression dont ils se servent, qu'on a d'abord beaucoup redouté les effets d'un mauvais regard; que la fascination, par un coup d'œil ennemi, était la plus ordinaire ou la plus dangereuse; car ils emploient le même mot pour exprimer d'autres genres d'ensorcellement.

Je dirai, par anticipation, que ces idées se voient jusque dans les rangs les plus élevés de la société. On peut beaucoup affliger de grandes dames en leur faisant compliment sur le bon état de leurs enfans : elles prétendent que de tels discours les fascinent ou leur portent malheur. Les mêmes personnes quittent la table où l'on serait treize ; s'attristent si l'on renverse le sel ; si un couteau ou une fourchette sont mal placés. On n'entreprend un voyage ni un lundi, ni un vendredi. Un prêtre que l'on rencontre au départ est de mauvais augure. On cherche dans la combinaison des cartes mêlées au hasard, l'issue de beaucoup d'événemens : il est peu de maisons où les dames d'un certain âge laissent passer une journée sans faire la grande patience, etc. etc. Qui pourrait rapporter toutes les chimères inventées par des têtes que l'oisiveté laisse toujours dans un si grand état de faiblesse !

Dès qu'il se montre quelque maladie parmi les bestiaux, on reconnaît l'œuvre de l'esprit malin, et l'on a recours à des enchantemens pour les détruire. J'avais souvent ouï parler de ces réunions nocturnes de paysannes russes, de leur agitation désordonnée, et du danger qu'il y aurait alors pour un homme à les rencon-

trer. Un jour d'été on sut qu'une de ces cérémonies devait avoir lieu la nuit suivante pour
prévenir l'invasion d'une épizootie qui s'était
montrée dans les environs. Je me cachai derrière une haie auprès de la place du village
où le cortége devait passer. A une heure après
minuit, ces femmes, à l'imagination exaltée,
sortirent en poussant de grands cris d'une maison éloignée où elles s'étaient réunies, et arrivèrent en foule à la lueur de torches, chantant
avec force un air dont elle battaient la ca-
dence sur des faux et des instrumens aratoires
dont elles s'étaient armées. Elles étaient à peu
près nues, et cachées par leurs longs cheveux
blonds qu'elles laissaient alors flotter sans
honte : leurs traits étaient affreux comme les
formes infernales qu'elles avaient cherché à
se donner. La charrue, traînée par une femme,
traça quelques croix sur ce carrefour où elles
s'inclinèrent à plusieurs reprises, en poussant
des hurlemens épouvantables dans lesquels on
distinguait les voix de quelques jeunes filles :
elles reprirent leur chant sinistre, continuèrent leur marche, parcoururent les environs,
et s'arrêtèrent à plusieurs carrefours, où elles
allumèrent des feux autour desquels elles firent des contorsions dignes des plus effrénées
bacchantes. Les mêmes exorcismes se répé-

taient auprès des villages voisins. Rentré chez moi, je n'entendis toute la nuit que des cris affreux mêlés aux lugubres aboiemens des chiens.

Malheur à l'homme indiscret, au voyageur imprudent qui viendrait par sa présence rompre le charme, insulter à la pudeur, et peut-être offenser la puissance ennemie qu'on veut apaiser! L'agitation ne permettrait peut-être pas à ces dangereuses prêtresses de reconnaître leurs amis, et tout autre pourrait payer de sa vie. Le seigneur chez qui je demeurais, revenant un jour de la ville d'Orel, la nuit, dans un léger équipage, vit de loin un de ces groupes redoutables. Malgré toutes les précautions du cocher, elles l'entendirent à une certaine distance, et accouraient pour lui barrer le chemin; il ne put gagner sur elles qu'en fouettant vigoureusement les chevaux: elles le poursuivirent fort loin de leurs horribles imprécations. Dans leurs chants, il doit, sans doute, être question de la triple Hécate, de Vénus et de son fils, dont, à ce qu'on m'a assuré, parlent de vieilles chansons russes que le peuple répète sans trop les comprendre.

Tout ce qui tient à des idées religieuses, aux idées d'une puissance surnaturelle, d'une autre vie, des peines ou des récompenses qui nous y attendent, a été tellement obscurci chez les différens peuples, en traversant les siècles, qu'on ne peut presque plus pénétrer le sens des mystérieuses cérémonies qui le représentent.

Les Russes lavent le corps des morts, et déposent dans le cercueil quelques pièces de monnaie pour payer le passage; ils y mettent aussi une prière écrite par le prêtre, un témoignage également écrit des bonnes mœurs d'une vie passée selon l'esprit de Dieu, d'une mort précédée de tous les devoirs du chrétien; et, si le défunt était sujet, d'une obéissance respectueuse envers ses maîtres. Après la cérémonie qu'on fait à l'église, les parens et les amis les embrassent pour leur faire le dernier adieu. Les proches (44) les accompagnent à la tombe, et chantent en pleurant tout ce que leur dicte leur cœur. Ils continuent à leur parler ainsi lorsque la terre les a déjà recouverts; on fait sur la tombe un repas de séparation; de retour, on s'assied à la table du défunt comme pour faire oublier à ceux qui restent celui qu'ils viennent de perdre.

Certains jours on vient sur sa tombe prier, renouveler un religieux repas, déposer des offrandes; les femmes viennent y chanter leurs regrets, oppressées de sanglots et baignées de pleurs. En passant auprès des cimetières, on entend souvent de ces voix plaintives qui ont

bien l'accent de la douleur; tout l'inspire dans
ce pays; tout semble concourir aux cérémonies
funèbres. Dans ces occasions, l'âme s'abandonne tout entière à la tristesse, comme si
c'était le seul sentiment qu'elle pût éprouver;
les cimetières en offrent partout la naturelle
expression; les tombes les plus récentes sont,
comme les autres, soigneusement recouvertes
de gazon; des bouleaux, sur lesquels l'abeille
aime à déposer son miel, ombragent ces lieux
de repos qui prêtent toujours tant à la méditation. Il n'y a pas de grands intermèdes pour
l'esclave entre la maison qui l'a vu naître et
son dernier asile : opprimé pendant sa vie, il
voit libre l'issue par où il doit en sortir; il
l'embellit, il y transporte ses espérances, far-
deau bien accablant pour lui, qu'il ne sait où
déposer pendant son pénible voyage sur la
terre.

Avant de parler du mode de gouvernement
des Russes, qui donne en grande partie à leur
moral ce qu'ils ont de différent d'avec les autres peuples de l'Europe, disons un mot des
nobles.

Les nobles russes diffèrent des paysans par le
physique; ils ne sont pas blonds comme on le
croit communément : il en est un grand nombre
qui ont les cheveux et les yeux noirs. Sur beau-

coup de figures de cette classe, on trouve un air asiatique qui décèle leur ancienne origine tartare. Le contentement de soi-même que les nobles poussent assez loin, leur donne une expression de figure tout autre que celle des paysans. Autant ceux-ci paraissent pénétrés de leur humilité, autant les autres ont un air de satisfaction. Comme ils trouvent peu de difficultés dans ce qui les entoure, il croient bien sincèrement que personne n'a plus d'esprit, plus de mérite qu'eux, et qu'ils sont tout ce que l'homme peut devenir. Cette bonne opinion de soi donne aux jeunes gens une facilité de manières qui sied bien sous l'habit militaire.

Cette disposition habituelle de l'esprit est peut-être, plus encore que leur genre de vie, ce qui a influé sur leurs traits. Ils ont l'air distingué, non que rien annonce en eux de grandes pensées ou de hautes méditations; ils ont, au contraire, tous les dehors de l'irréflexion qui suppose qu'on a toujours vécu dans l'aisance. Les nobles russes ressemblent plus aux Français qu'à aucune autre nation; on dirait que c'est un peuple étranger, une autre espèce d'hommes, qui est venue s'établir au milieu des habitans de ce pays, pour être comme naturellement au-dessus d'eux.

LES RUSSES OU L'ESCLAVAGE.

> Les circonstances et la nature du gouvernement
> font les vices et les vertus des nations.
> D'ALEMBERT, *Éloge de Montesquieu.*

CHAPITRE PREMIER.

*Aperçu général et considérations particulières
sur le moral du peuple russe.*

DES frontières de la Pologne, le lecteur aura
pu se figurer en partie le tableau que je vais
tâcher de lui retracer.

Un jour, que dans le nord de la Prusse je
venais de quitter une jolie petite ville, j'arrivai
en deux heures dans un village pauvre, triste,
où il n'y avait qu'une belle maison pour le
seigneur, et des chaumières pour les paysans :
là, on avait une certaine noblesse de manières,
de l'industrie, de l'aisance ; ici, je trouvais l'humilité, la paresse, la misère. Le pays était
également beau, la nature était la même, et
les hommes étaient si différens ! je sortais d'un
pays libre, et j'entrais dans celui de la servitude ; j'étais en Pologne. Je reconnus aussitôt

13

cette terre du malheur, dont j'avais vu les repoussantes frontières du côté de Pozen ; je reconnus l'effet des lois destinées au bonheur des peuples ! Ainsi donc, me disais-je, du milieu de l'Europe jusqu'à la mer Glaciale, de la Baltique jusqu'en Asie, et peut-être jusqu'au Kamtschatka, la nature et les hommes sont empreints et flétris du même cachet !..... C'est donc ainsi qu'en ôtant à l'homme tout sentiment de ses droits, toute espèce de respect pour lui-même, on le paralyse dès sa naissance, on éteint en lui toute volonté, toute vertu ! C'est donc ainsi que, dès son entrée dans la vie, on le fait passer par une espèce de mort préparatoire qui ne diffère presque plus de la mort réelle ! et l'on donne à cette manière de le diriger le nom de gouvernement ! et l'on appelle cette modification de l'existence, de la civilisation ! comme s'il y avait d'autre rapport entre l'esclave et son maître que le bâton ! Le sauvage délibère et agit par lui-même, il est l'arbitre de son sort, il a le sentiment de sa volonté, de son indépendance qui est ce qui peut le plus contribuer au bonheur. L'esclave se sent toute la vie accablé d'un poids énorme qui ne le laisse pas douter un seul instant qu'il est et qu'il doit être toujours passif ; le despotisme lui ôte tout ce qu'il peut lui ôter, et s'il le laisse vivre, ce n'est que pour asservir sa vie à ses caprices.

En avançant vers le Nord, je ne vis que trop se réaliser mes sinistres conjectures. A de grandes distances, un château, une église, et des masures sur lesquelles l'esclave, avec une sorte de dégoût pour la vie, a jeté quelque paille pour les couvrir! L'un de ces deux édifices lui montre la puissance devant laquelle il doit fléchir : l'autre, monument de la religion, s'élevant vers le ciel, lui rappelle une autre vie pour le faire renoncer à celle-ci. A ces mots de puissance et de religion, il s'incline et renonce.

Il y a deux espèces d'hommes en Russie, car la civilisation en est venue là : les nobles, et les paysans ou serfs. Les nobles qui ont tout, et les paysans qui n'ont rien : les nobles qui ont toujours raison, et les paysans qui ont toujours tort : les paysans qui travaillent, et les nobles qui dévorent. Les marchands, les bourgeois et les employés des villes forment une troisième classe peu nombreuse, qui est tenue à une distance énorme par la noblesse, et ne peut se croire du mérite puisqu'on ne lui montre que du mépris; elle justifie la réputation qu'on lui fait.

Les nobles règnent sur les paysans; les paysans leur appartiennent. Ils les achètent avec les villages , et peuvent ensuite les vendre avec ou sans la terre (45); ils peuvent morceler les familles, vendre le fils à l'un , la fille à l'autre, le père et la mère à un troisième, car on ne sépare pas ordinairement deux époux. (46)

Un seigneur ou un noble peut battre ses paysans ou ses gens tant qu'il lui plaît : la loi dit seulement qu'il ne doit pas les battre à mort ; c'est comme du temps de Moïse. Si la personne qu'on vient de battre meurt dans les soixante-douze heures qui suivent, la justice s'en mêle, et le noble peut être condamné comme meurtrier ; mais aussi la justice est bien facile à apaiser : un léger cadeau glissé dans la main des juges qui viennent pour instruire l'affaire , et quelques verres d'eau-de-vie qu'on leur offre avec un air flatteur de considération, leur font bientôt voir les choses comme elles doivent être, c'est-à-dire leur prouvent bien clairement qu'un noble ne peut être coupable.

Si les paysans appartiennent à leur seigneur, à plus forte raison est-il maître de tout ce qu'ils ont ; il leur impose telle corvée qu'il veut ; il leur fait travailler ses terres à telles conditions que bon lui semble ; il n'a là-dessus aucune règle à suivre, c'est absolument à sa volonté. Quelquefois le seigneur, ne voulant pas entrer dans le détail des travaux, leur laisse tout le revenu de la terre, et exige que chacun lui donne une certaine somme par an, variable comme ses besoins ou sa cupidité. Il y a des seigneurs qui n'exigent presque rien; d'autres prennent quatre, six fois plus, grèvent les paysans au-delà de toute idée, les ruinent, leur ôtent jusqu'aux moyens de travailler, leur font vendre ce qu'ils ont, leur vache, leurs chevaux.

La noblesse a donc des droits sur le peuple, elle peut donc en abuser; il suffirait de cette possibilité pour produire sur le moral des vassaux l'effet le plus funeste.

Hinc mali labes.

Maintenant imaginez-vous, non des hommes, mais des anges dans cette situation, et voyez ce qu'ils doivent devenir. Dès que vous ôtez à un être naturellement faible, malheureux, ou en proie à de nombreux besoins, mais intelligent et actif, la possibilité de raisonner sur son sort et d'agir pour l'améliorer; dès que vous lui ôtez le droit de propriété, ou la certitude de conserver ce qu'il aura acquis, vous lui ôtez tout, vous éteignez en lui tout sentiment humain, tout ce qui constitue l'homme moral. Aussi le paysan russe est-il paresseux, ivrogne, sans honneur, sans mœurs quoiqu'il soit dévot, enfin pétri de vices qu'on lui donne en lui ôtant tout le mérite qu'il devrait avoir à bien faire.

Il suffit d'approcher de leurs maisons pour juger que des paresseux les habitent; tout y annonce la nonchalance : insoucians sur tout ce qui les entoure, ils comptent sur l'hiver pour tout assainir. (47)

Dans le pays où j'ai vécu, on ne se sert que de chevaux pour travailler; il n'y a pas une écurie pour les loger, sans qu'il y ait d'autre raison pour ne pas en avoir que la peine de les construire; mais c'est une raison si forte, que, dans un pays si rigoureux, on ne trouve d'écurie chez aucun paysan ; leurs chevaux sont sous des hangars ; ils dégénèrent par le froid ; mais on peut les négliger sans craindre de punition ; il n'en faut pas davantage pour qu'on n'en prenne aucun soin.

Leurs instrumens aratoires ont toute l'imperfection des ouvrages faits à la hâte ; je n'ai pas vu, dans toute la Russie, une pelle et une pioche bien faites. Il n'y a pas un morceau de fer dans toute leur charrette : on la casserait d'un coup de poing ; on est obligé de la charger si peu qu'elle ne laisse aucune trace sur les routes. On voit déjà ce que doit être l'agriculture avec des moyens aussi imparfaits.

J'ai vu un menuisier serf travaillant chez son maître ; il n'avait pas d'établi. A chaque coup de rabot qu'il donnait, la planche qui lui en tenait lieu tombait, parce que les pieds en étaient mal assurés ; il la relevait, rajustait les pieds, et recommençait ; la planche tombait encore. Il répéta cette inutile expérience pendant huit jours : son établi était dans sa maison, à cinquante pas.

Le même seigneur voulait faire monter une maison en bois qu'il avait achetée ; huit hommes pouvaient terminer cet ouvrage en quatre jours. Il avait, à quinze lieues, une terre dont tous les paysans étaient charpentiers ; il en fit venir huit, qu'il fit relever par huit autres au bout d'une semaine, et successivement. Ils mirent tout l'été, trois mois, à cette construction ; c'était à qui ferait moins de ceux qui quittaient et de ceux qui venaient reprendre, sauf à être rappelés, et ils fesaient quinze lieues pour venir et autant pour s'en retourner.

Lorsqu'on réunit trente, quarante, cent paysans pour un travail quelconque, si le bourgmestre n'y assistait pas, le fouet à la main, le soir viendrait qu'ils n'auraient rien fait, et ils n'en rougiraient pas. Ils savent qu'il faut manger pour vivre, et ils travaillent justement pour avoir de quoi manger ; mais après cette tâche, ils ne croyent pas qu'on puisse songer à autre chose qu'à dormir. Il n'y a pas de gens qui dorment autant que les paysans russes, quoiqu'il n'y ait pas un lit pour eux dans toute la Russie : ils dorment tant qu'ils veulent ; le sommeil est vraiment pour eux à volonté.

Ils sont sales chez eux, et le seraient toujours lors même qu'ils ne recevraient pas, dans leur chambre, les animaux qui viennent y chercher un abri contre le froid.

Ils n'engraissent pas leurs terres. Il est vrai que ce qui peut les en empêcher, c'est qu'ils en changent entre eux tous les ans (48) ; mais ils ne montrent aucun regret de cette habitude.

Dans des pays où le bois n'est pas commun, les paysans le coupent à hauteur d'appui pour ne pas se donner la peine de se baisser.

Outre ses paysans, le seigneur a dans son village ses gens de cour, ceux qui ont l'honneur d'être employés dans sa maison, et d'approcher sa personne, les *dvarovia*, les valets, classe onéreuse qui se multiplie beaucoup parce qu'on ne peut la faire rentrer dans celle des paysans d'où elle sort. Esclave, elle aide à régner sur les esclaves ; instrument du despotisme, elle est devenue redoutable aux des-

potes eux-mêmes, qui, sans avoir l'air de la
craindre, la traitent avec beaucoup de ménagemens. Il ne faut pàs être bien puissant, ni
même bien riche pour avoir ainsi vingt, trente,
quarante domestiques, dont la plupart. ont
femme et enfans dans le village ; tous ces serviteurs ne font ordinairement que dormir. On
établit des fabriques de toile, de linge de table, de tapis, pour les occuper, parce qu'il faut
toujours les nourrir, les loger, les habiller, etc. ;
ils ne font presque rien, quelque nombreux
que soient les surveillans qu'on place auprès
d'eux ; ils sont loin de gagner leur vie, quoique la vie soit excessivement bon marché dans
ce pays.

Quelques uns ont des métiers qu'on leur a
fait apprendre pour les besoins de la maison.
Moyennant une redevance, on les laisse quelquefois aller les exercer en ville ; mais ces ouvriers ne prospèrent pas ; ils ne semblent travailler que pour pouvoir s'adonner aux vices,
et surtout à l'ivrognerie. Dans la condition où
ils se trouvent, l'éducation ne peut donner les
idées qu'elle fait naître ordinairement. On fait
souvent apprendre la musique à ces trop malheureux serviteurs ; on en forme des orches-
tres dont l'organisation peut aussi offrir le
sceau du despotisme, car il doit se retrouver

jusque dans les plaisirs (49); il y en avait un
dans la maison où j'étais. Je ne fus pas peu
surpris la première fois que j'entendis parler
de faire fouetter le premier violon ; c'était un
jeune homme qui avait du talent ; mais je m'y
accoutumai bientôt ; on fouettait l'alto, la
basse, la contre-basse, sans que j'en fusse af-
fecté ni eux non plus.

Dans la ville voisine, un sénateur avait
peut-être les meilleurs musiciens de toute la
Russie ; les jours de concert, il passait dans
les rangs, distribuait quelques coups de poing
dans la figure à ses artistes qui n'en jouaient
que mieux. Le comte K. avait loué une troupe
d'acteurs qu'il fesait jouer chez lui, à Orel ;
aux répétitions et aux entr'actes, il allait parfois leur distribuer de ces encouragemens.

Ainsi l'industrie tenue sous la dépendance
ne va pas loin ; et lorsqu'on parle à un tel
peuple de lui ouvrir des sources de prospérité
commerciale avec l'étranger, il serait en droit
de réclamer avant tout son activité intérieure,
qui lui est bien autrement nécessaire, et dont
on l'a si entièrement privé.

Dégoûtés de toutes les difficultés qu'on trouve
à faire mouvoir et agir des gens qui ne le veulent pas, et pour éviter de se mettre en colère
et de les battre tous les jours, les maîtres re-

noncent à l'exercice immédiat de leur autorité ou à la pénible administration de leurs affaires. Ils ont un intendant qu'ils louent ou qu'ils élèvent à cette dignité, et auquel ils donnent une grande latitude de pouvoir. Cet homme use de telle sévérité qu'il juge nécessaire pour faire rentrer le revenu qui est considérable relativement aux capitaux (les biens donnent de huit à dix pour cent), mais non relativement au nombre des travailleurs. La maison où j'étais avait deux mille quatre cents paysans mâles et assez de terre pour les occuper : elle avait de 55 à 70 mille roubles (francs) de rente: ainsi à peu près cinq mille individus étaient appauvris pour élever et enrichir une famille qui, après tout, ne se trouvait ni bien riche, ni placée bien haut. Ce revenu se consommait presque entièrement dans le village, et l'entretien des domestiques en emportait beaucoup.

Le peuple russe n'est pas moins paresseux d'esprit que de corps. Cette expression de figure qui lui est particulière et qu'on a pu remarquer dans les armées, quoiqu'elles l'aient moins que le reste de la nation, dépend plus encore de l'état de l'âme que des traits. On voit sur ces figures inanimées qu'il ne se passe rien à l'intérieur, que ces êtres n'ont jamais cherché à rapprocher deux idées. Leur regard est indéterminé, passif; ils sont indifférens à tout ce qui se passe autour d'eux. Derrière la chaise de leur maître, pour le servir à table, ils oublient qu'ils y sont, ils s'y endorment; je les ai vu ronfler ainsi debout.

Ceux qui passent leur vie à travailler la terre, vieillissent sans avoir fait la moindre remarque en agriculture. Ils labourent sans peine parce que leur terre est légère; ils jettent le blé et ils le coupent lorsqu'il est mûr, ils n'en savent pas davantage; on ne trouve pas un homme qui sache tailler un arbre. *Dieu sait*, *le seigneur sait*, sont des expressions qui s'accordent trop avec *le doux rien faire*, pour qu'ils ne s'en paient pas volontiers. C'est un argument qui répond à bien des doutes, qui résout bien des difficultés. *N'ayez pas peur*, répètent-ils à tout propos; non pour vous dire de ne pas craindre, mais pour vous engager à faire comme eux, à ne pas réfléchir. Auprès de la maison où je demeurais, un pont était souvent emporté par les eaux. Lorsque les paysans arrivaient là avec leurs chariots, et qu'ils voyaient qu'il fallait attendre ou aller faire un détour, ils se mettaient en devoir de passer, parce qu'il n'était pas sûr que Dieu ne voulût pas faire un miracle en leur faveur. Ils faisaient un signe de croix et frappaient leurs chevaux ; on était obligé d'accourir pour les retirer.

Quand les villages brûlent, si c'est la foudre qui a mis le feu, ce qui arrive souvent, on sent bien qu'il ne faut pas l'éteindre ; et lorsque c'est accidentellement, ils ne se donnent guère plus de peine : ils regardent ; quelquefois ils prennent une image de saint et vont se mettre du côté d'où vient le vent. Ils ont cette arrière-pensée qu'ils n'ont rien à eux : il faudra bien que leur maître les loge et les établisse de nouveau s'il veut qu'ils travaillent ; et puis c'est un événement que de voir brûler un village ; ce changement fait diversion. Souvent ils y mettent eux-mêmes le feu ; c'est une vengeance qui leur convient, puisqu'il en résulte par-dessus tout qu'ils ne travaillent pas de quelque temps.

Il n'y a presque pas de mendians en Russie, puisqu'il est du devoir de chaque seigneur de nourrir ses vassaux. Bien plus, si des hommes, souvent inutiles, dont on serait bien aise d'être débarrassé, s'en allaient de la maison sans un passeport de leur seigneur, ils y seraient aussitôt ramenés par la police. On ne peut naturellement donner ce passeport qu'à ceux qui ont un état qu'ils veulent faire valoir, ou une industrie qui peut suffire à leur existence ; et il y en a bien peu de ceux-là ; trop peu pour qu'on s'en prive volontairement. Si un homme qui irait dans une ville avec un passeport de son maître, au lieu de travailler, devenait désœuvré, la police s'en saisirait, et le ramènerait aussitôt comme vagabond à son ancien séjour.

Je ne citerai plus qu'un exemple de leur paresse, car si on n'en bornait expressément le nombre, on se trouverait conduit à repasser tous les actes de la vie humaine. Au printemps, des femmes qui n'ont rien fait tout l'hiver, vous demandent à aller en pèlerinage, plaçant ainsi Dieu entre elles et vous : attentif jusques alors à leur montrer de la déférence pour la religion, vous ne pouvez vous opposer directement à l'importante affaire de leur salut que vous leur avez tant recommandée, vous ne pouvez les refuser. Les reliques de Kioff sont les plus renommées ; on y vient de deux, trois, quatre cents lieues. Les routes sont couvertes de ces pénitentes, la plupart bien hors d'état d'être pécheresses. Faisant ces longs voyages à pied, elles mettent toute la belle saison pour aller et venir ; et beaucoup font vœu d'y aller tous les ans. En route, elles vivent souvent d'aumônes : les paysans russes sont très charitables.

Voilà ce que devient sous un gouvernement despotique, un peuple naturellement intelligent et fait pour être actif.

Après la paresse dont tous leurs ouvrages portent l'empreinte et qui est devenue leur manière d'être habituelle, ce qui domine chez les paysans russes, c'est l'ivrognerie. Il n'y a presque pas de paysans, presque pas de domestiques qui n'aient ce défaut ; ils s'y abrutissent. Quelque affaire pressante qu'ait un paysan, si on veut lui verser de l'eau-de-vie, il en boira jusqu'à ce qu'il tombe. Chez une dame où j'ai passé quelque temps, il fallait la veille avertir le cocher de ne pas s'enivrer le lendemain, parce qu'on avait besoin de lui ; car il n'y aurait pas eu de sa faute. Tous les autres domestiques, et il y en avait plus de trente, étaient sur ce pied, parce que cette dame n'était pas sévère.

On a été obligé de limiter le nombre des cabarets. On ne peut en établir sans une autorisation du gouvernement, et il ne l'accorde qu'aux villages qui ont une certaine population, et qui sont à une distance donnée de semblables établissemens. Quel éloge des consommateurs !

Est-ce le plaisir qu'ils trouvent à boire, à avaler cette liqueur, ou l'oubli des maux qu'elle

apporte, qui leur plaît si généralement? Il suffirait du plaisir de boire pour expliquer l'abus
qu'ils en font. Ils ont si peu de plaisir, que,
lorsqu'ils en rencontrent, ils sont presque
pardonnables de s'y livrer : mais outre la
sensation vive qu'ils éprouvent en buvant, et
qui varie le sentiment de l'existence, il y a
bientôt le trouble agréable de la raison qui
leur permet de concevoir d'eux-mêmes une
idée avantageuse pour le développement de
laquelle l'ivresse leur est bien plus nécessaire
qu'aux sauvages. Ce qui prouve un grand abru-
tissement, c'est la manière dont ils s'enivrent.
Nos buveurs se modèrent pour prolonger la
jouissance : le paysan russe entre dans un ca-
baret, demande de l'eau-de-vie, et est sous la
table, quelquefois, en dix minutes.

Ce n'est que chez les hommes faits que ce
défaut se voit dans toute sa force. Les enfans
et les jeunes gens ont les idées de leur âge.
Ils ont encore un avenir; l'homme serf n'en
a plus. Ce vice ne semble gagner les femmes
que par extension; elles boivent moins que
leurs maris, et on dirait que c'est à leur exemple; elles sentent moins l'esclavage.

La bonne chère plaît-elle moins à cette classe
d'hommes, parce qu'elle ne change pas autant
les idées?

Lorsqu'on ne veut pas travailler et qu'on
veut boire, il semble qu'il faut être voleur : ils
le sont aussi, mais non pas pour cette raison;
il en est une autre plus forte qui doit agir
avant celle-là : l'homme qui n'est pas retenu
par la crainte de s'avilir n'a aucun ménage-
ment à garder; il est dans le cas de nos actrices
pour la pudeur. Si un esclave trouve le bien
d'autrui à sa portée, il ne se fait aucun scrupule de le prendre s'il ne doit en résulter aucune punition corporelle : le soupçon n'est
rien pour lui; il n'a pas de réputation à perdre, pas d'honneur à conserver. Ainsi toute
la nation est disposée au vol de choses qui
traînent, de tout ce qu'on trouve sous la main.
Mais pour un vol qui exigerait des combinaisons, des précautions, de l'activité, de l'audace,
les Russes en sont presque incapables. Il faut
dire, à leur louange, qu'ils vont bien rarement
attendre les passans sur les grandes routes; on
voyage avec une sécurité parfaite dans toute
la Russie; c'est en outre le pays de l'Europe
où il se fait le moins de tours de filous. On
peut dire qu'ils ont tous les vices et toutes les
vertus que donne la paresse, si du moins l'on
peut appeler vertu l'absence de quelques dé-
fauts ou de quelques vices.

Si la paresse rend les hommes apathiques

pour le bien, elle les préserve de tous les excès que fait commettre l'ambition. Elle fait qu'ils se contentent de peu, et ramène les mœurs à une simplicité qui a aussi ses avantages. Ce qu'on appelle *les gens du bon vieux temps* avaient moins de luxe, moins de besoins, moins d'ambition que nous; ils étaient plus disposés à la bienveillance, ils tenaient moins que nous au superflu, et lorsqu'ils avaient le nécessaire, ils abandonnaient volontiers le reste que nous défendrions au péril de nos jours. Les paysans russes ne sont pas difficiles à contenter; ils ne sont pas méchans. Comme ils n'ont pas le projet de devenir de grands personnages, ils sont charitables : un pauvre ne les quitte jamais sans en avoir reçu quelque bienfait. Et nous, nous refusons, pour remplir des vues plus élevées, nous refusons un sou à un pauvre qui nous le demande pour avoir du pain, lorsque nous venons de donner dix, vingt francs pour entrer au spectacle. Les paysans russes sont hospitaliers: descendez sous leur chaume, sans qu'ils aient jamais entendu parler de vous, ils vous reçoivent avec plaisir, ils partagent avec vous ce qu'ils ont; vous êtes maître comme eux dans leur maison; ils vous la cèdent pour peu que vous paraissiez leur être supérieur, et sans aucune vue d'intérêt. Après avoir traité comme eux-mêmes le paysan de l'autre bout de la Russie, que le hasard a conduit chez eux, ils le remercient du plaisir qu'il leur a fait en venant s'asseoir à leur table. Et nous, nous fermerions notre porte : la première idée qui se présenterait à notre esprit serait celle d'un refus.

Aussi le paysan russe n'hésite-t-il pas à partir s'il le faut pour l'extrémité de l'empire sans autre secours que celui qu'il attend de la Providence, parce que l'espoir de trouver partout un accueil fraternel ne l'a jamais trompé. Dans la guerre de 1812, tous quittaient leurs demeures pour fuir l'approche des Français, emportant avec eux le peu qu'ils avaient. Nous trouvions tous les villages déserts. Incertains à cette époque de l'issue de la guerre, ils suivaient l'ordre de leurs maîtres, ou des autorités des villes voisines ; ils allaient quelquefois à cinq cents, à mille werstes sans se demander seulement comment ils feraient pour vivre. Ce n'est que dans un tel pays qu'on peut aussi facilement évacuer des provinces entières : ailleurs il y a trop de monde dans un espace donné, chacun a trop ; on ne quitte pas ainsi sa maison, on n'obéit pas aussi aveuglément, là vie est plus difficile ; et d'ailleurs où trouver un asile ?

Les paysans russes sont en général indifférens entre eux, ils ne s'obligent pas avec chaleur; mais on peut exiger qu'ils aient pour les autres une activité qu'ils n'ont pas pour eux-mêmes; ils sont surtout indifférens à l'égard de leurs maîtres, qu'ils ne regardent que comme leurs supérieurs : il est difficile de leur inspirer de l'attachement; on pourrait faire, dans cette vue, beaucoup de frais dont ils ne tiendraient aucun compte. Ce qui gagne ordinairement l'amitié, peut ne pas gagner celle de l'esclave; ce qui lie les hommes entre eux, peut ne pas attacher le serf.

Il entre beaucoup de reconnaissance dans l'amour filial, on ne doit pas s'étonner que l'esclave ne l'éprouve que faiblement; le bienfait de la vie n'est pas grand à ses yeux.

L'amour, ce rêve du bonheur, se nourrit d'imagination; l'esclave ne peut guère prêter à ce qu'il aime des qualités dont il n'a aucune idée. Pour peu que son imagination veuille s'élancer au-delà des idées physiques, il ne rencontre que mépris, qu'ignominie pour lui, sa femme et ses enfans. S'il ne se le dit pas, il le sent, et il est probable qu'il ne le sent jamais plus que le jour où il se marie, que le jour où il vient à l'autel, sans espérance, et seulement avec le sentiment profond de son humiliation, s'unir à une femme de la même condition que lui, pour donner le jour à des êtres qui seront comme eux dépendans, esclaves, malheureux : aussi ce jour-là, qui devrait être le plus beau de leur vie, les paysans russes sont-ils toujours fort tristes : on ne peut voir ce spectacle avec indifférence ; la religion ne peut donner rien d'auguste à cette cérémonie, elle ne trouve que des victimes à bénir.

Tout ceci fait que les auteurs dramatiques russes seront long-temps encore privés des sujets si attachans qu'on trouve dans la vie des habitans de nos campagnes, ou dans les mœurs d'un peuple libre accoutumé à se respecter. La peinture de l'amour des esclaves ne pourrait être que bien affligeante pour une âme honnête ; c'est beaucoup trop de la réalité. Loin d'en multiplier l'image, il faut chercher à la faire oublier par des scènes étrangères. Les Russes, dont le théâtre est encore ignoré, n'ont pu trouver jusqu'à présent de sujets de comédie nationaux, ou pris dans les mœurs du peuple, d'ailleurs si uniformes.

La conscience peut être définie le sentiment du juste et de l'injuste : on peut dire que l'homme l'acquiert dans la société ; elle a pour fondement cette maxime de la loi naturelle, de ne pas faire à autrui ce que nous ne voudrions pas qui nous fût fait. L'infraction à cette règle de justice menace la société de tant de désordres, que tout le monde se soulève contre celui qui s'en rend coupable. Cette connaissance profonde des maux qui doivent suivre un tel abus nous paraît un sentiment naturel et spontané ; elle est cependant acquise, elle est le résultat de la réflexion ; et si ses combinaisons sont si promptes, si les jugemens de la conscience se font presque à notre insu, c'est par la grande habitude que notre âme contracte de juger ainsi.

L'exercice de la conscience ou l'habitude d'agir d'après ses impulsions est le plus beau résultat auquel puisse parvenir la civilisation. Il y a quelque chose de généreux, de grand, dans l'abnégation de tout égoïsme en faveur du bien général, cette concession volontaire donnant un air de mérite à des actions dont nous devons les premiers retirer le plus d'avantage.

Mais pour qu'une conduite aussi louable profite à celui qui consent à la tenir, il faut qu'il puisse compter sur la réciprocité ; lorsqu'il s'est assuré que les hommes au milieu desquels il vit en agiront de même à son égard, il s'établit un commerce de générosité, une rivalité de justice, et une délicatesse de conduite qui répand un charme inexprimable sur la vie ; à chaque instant on a l'occasion d'être content de soi et des autres ; jouissance toujours vive, qui ennoblit le caractère, élève l'âme, et se rapproche beaucoup du bonheur.

Les paysans russes ne peuvent avoir de conscience. Et où en prendraient-ils l'idée? Leur maître peut tout sur eux, et ils ne peuvent rien sur personne. On peut les vendre, et eux ne peuvent pas même acheter avec leur argent des objets dont la possession plaît généralement à tout le monde ; ils ont beau être riches, ils n'auront jamais ni terres, ni maison à eux ; à plus forte raison ne pourront-ils acheter personne. Que dis-je! ils ne pourront se racheter eux-mêmes ; il n'y a pas de prix, de taux mis à la liberté ; l'esclave demeure esclave tant qu'il plaît à son maître ; il a beau offrir des sommes, si son maître ne consent à le rendre libre, il demeurera esclave avec ses trésors (50). On peut leur prendre, et souvent on leur prend tout ce qu'ils ont ; et s'ils font le moindre tort à quelqu'un, on les livre à la *justice*, car il y a ce mot dans la lange russe. Leurs maîtres sont toujours crus ; et les malheureux ne peuvent pas même être appelés en témoignage. Ils sont pillés, battus, vendus, maltraités au-delà de toute expression; et les lois sont en faveur de ceux qui commettent chaque jour de pareils excès. Imaginez un homme né au milieu de ces usages, qui les a vus en vigueur toute sa vie, et qui n'a jamais vu d'autres maximes en pratique: que doit-il penser du cœur humain? Le juste et l'injuste existent-ils pour lui? y a-t-il à ses yeux autre chose que la force? Aussi dans les circonstances où il faut que la conscience se montre, n'attendez rien, ou presque rien de l'esclave; il n'a pas au dedans de lui le ressort qui doit agir dans ces occasions. Ainsi, peu ou point de délicatesse, peu ou point de reconnaissance chez les paysans russes; il n'y a pas de gens auxquels on se lasse si tôt de faire du bien; on est tout de suite obligé de se ranger du côté de ceux qui les oppriment; et en blâmant les procédés de leurs maîtres à leur égard, on les imite, on les prend.

Il ne peut y avoir ni force morale, ni courage, ni énergie chez des hommes qui se placent au point le plus bas où l'on puisse descendre, et qui partent de là pour toutes leurs actions. Ainsi, point de grandeur d'âme, point de générosité dont ils n'ont pas d'exemple; quelquefois méchans par faiblesse, ils pousseraient l'égarement jusqu'à la barbarie pour ôter les moyens de les punir.

Le courage est la volonté ferme au péril de ses jours. Je me suis demandé quelquefois si celui des soldats russes ressemblait à celui des soldats français, et j'ai vu qu'il était moins réel, qu'il se composait de beaucoup de fanatisme, qu'il y entrait plus d'obéissance que de volonté, plus de crainte que d'amour de la gloire, plus d'erreur ou d'ignorance que de mépris de la mort. Ils ont des prêtres dans tous leurs régimens, nous n'en avions pas un dans toute l'armée. Ils croyent fermement à une autre vie, et la mériter en mourant pour leur pays : beaucoup de nos soldats n'ont pas cette consolante idée, et ils bravent la mort! ils la bravent la croyant éternelle! Ce n'est pas en parlant des Français qu'on peut définir le courage *la peur d'avoir peur.*

Pour parler des mœurs, il faut remonter plus haut, voir à quoi elles tiennent, ou ce qui peut les influencer.

Le bonheur de l'homme est le sentiment de ses forces; et quand est-il plus vif, ce sentiment, que lorsqu'il exerce toutes les vertus morales? C'est alors qu'il se sent le plus libre, le plus au dessus de tout ce qui peut le modifier; c'est alors qu'il a la conscience qu'il s'élève vers la perfection et qu'il entre le plus dans l'intérêt général. Plus l'homme se perfectionne, plus il se trouve à sa place ; c'est surtout la force morale qui l'embellit, car la beauté est la force pour lui comme pour tout dans la nature. La beauté est le développement des facultés données par la nature ; c'est le déploiement de grands effets pour de petites causes ; *c'est la prodigalité des résultats pour l'avarice des moyens,* selon l'expression de l'immortel Bichat ; c'est la profusion sortant de la stérilité ; c'est Dieu gouvernant l'univers d'une main invisible ; c'est l'homme ne montrant que des vertus lorsqu'il a reçu le germe de tant de vices. Voilà son état désirable, son état de bonheur.

On sent bien qu'il ne peut pas être tel dans l'esclavage : aussi, l'homme n'a-t-il pas, dans cette condition, cet air de gaîté, de satisfaction, qui vient du témoignage de la conscience, du sentiment d'avoir fait le plus de bien possible, ou de la confiance dans ses forces. Le paysan russe n'est pas gai, il ne forme pas de réunions les jours de fête, il ne danse pas, il ne s'amuse pas ; les femmes sont moins sérieuses, parce que, comme je l'ai déjà fait sentir, ce n'est pas sur elles que pèse l'esclavage ; nées pour obéir, elles ne sentent que l'autorité de leurs maris, et la sentent en Russie moins qu'ailleurs ; mais pour les mêmes raisons que les hommes, elles se laissent aller à la paresse.

Les paysannes sont assez réservées dans leur conduite, jusqu'à ce qu'elles soient mariées; leur enfance est à peu près celle des filles des autres pays. Dès qu'elles sont mariées, leurs mœurs se relâchent, sans doute parce que le mariage, leur donnant le goût et l'habitude du plaisir, n'a rien qui en empêche ou en réprime l'abus : elles apprécient leurs maris; elles voyent qu'ils n'ont pas beaucoup d'amour-propre, que ce n'est pas une grande cause de chagrin pour eux que d'être trahis par leurs femmes, qu'elles n'ont pas beaucoup à en redouter pour cette faute; elles les trompent pour toutes ces raisons qui se réduisent à ce qu'elles ne les estiment pas, car leur faiblesse naturelle ne leur fait estimer que la force. La paresse n'a donc pas de peine à les conduire à une vie licencieuse; il est peu de paysannes russes irréprochables sous ce rapport.

On devine que les hommes, plus déchus de leur dignité, doivent être encore plus relâchés sous le rapport des mœurs. Beaucoup sont indifférens sur la conduite de leurs femmes, et ne tiendraient pas toujours contre l'attrait d'une légère récompense pour devenir les complices de leurs dérèglemens. Les pères marient souvent leurs fils pour eux-mêmes, et les rempla-

cent auprès de leurs brus, cause la plus hon-
teuse, si elle est la moins ordinaire, des mariages précoces qu'on voit généralement dans
ce pays. Cet égarement des passions qui fait
oublier la distinction des sexes se manifeste
avec une horrible facilité dans les moindres
réunions de ces hommes accoutumés à la tur-
pitude.

Il n'y a pas jusqu'au clergé qui ne soit dé-
favorablement influencé par le régime despotique. Les prêtres de campagne (et on peut dire
les prêtres en général, car les villes ne sont rien
dans ce vaste pays) sont sous la domination
des seigneurs, puisque c'est d'eux qu'ils tiennent en jouissance la portion de terre qui doit
les nourrir. Nés dans une classe méprisée qui
se rapproche beaucoup de celle des serfs, et
accoutumés à tenir tout des puissans domina-
teurs, ils les voyent toujours infiniment au-
dessus d'eux; en sorte que les idées des ministres de la religion sont à peu près celles des
esclaves; ils se placent d'eux-mêmes presque
sur la même ligne, restent dans l'antichambre
avec les domestiques, lorsqu'ils viennent au
château, et n'entrent qu'avec beaucoup de cir-
conspection lorsqu'on le leur permet. Les valets, toujours prêts à mesurer leurs respects
sur les égards qu'accordent les maîtres, se

croyent au moins les égaux des prêtres, puisqu'ils sont tous les jours au château, et que
le pasteur est parmi ses brebis. Les paysans,
qui ne savent qu'obéir à la force, ne sont capables d'apprécier d'autre mérite; et, voyant
les prêtres parmi eux, logés, nourris et traités
à peu près de la même manière, ne peuvent se
figurer que ce soient des gens respectables,
et agissent en conséquence. Les corps religieux, ordinairement composés d'affranchis,
sont dans le même état d'ignorance et d'abjection. Lorsqu'ils viennent quêter dans les maisons seigneuriales, on les accueille avec une
supériorité et un air de mépris non équivoques.

Ainsi, quoique nés libres jusqu'à un certain point (leurs fils sont obligés de se faire
prêtres ou de courir le risque d'être soldats),
les prêtres ont donc à peu près le moral des
esclaves; ils n'acquièrent presque jamais assez
d'instruction pour résister à leur sort et se
placer au-dessus; ils savent ce qui les attend,
et ils n'étudient qu'en raison de leur avenir;
ils s'enivrent volontiers, volent de même (51),
et si dans les campagnes ils mènent une vie
régulière sous le rapport des mœurs, c'est sans
doute qu'ils manquent d'occasions, car tout
le monde sait qu'à Moscou les maisons des
prêtres étaient plus que suspectes, et il en

fallait pour seize cents églises. A Pétersbourg, règne, dit-on, le même scandale.

Ce qu'il y a de bien étonnant, c'est que la religion ne semble pas en avoir souffert aux yeux du peuple. Le paysan s'enivre avec le prêtre, le bat dans l'occasion, et le lendemain il va fort dévotement à sa messe; il distingue l'homme du sacerdoce, le prêtre de la religion, ce que le peuple semble confondre partout ailleurs. Aussi, malgré tant de démoralisation, les paysans russes sont dévots, et très dévots; ils vont régulièrement aux offices, se privent de viande avec le plus grand scrupule pendant leurs longs et rigoureux carêmes. Leurs femmes s'observent ordinairement pendant tout ce temps comme les fêtes et dimanches; mais ces mortifications ont lieu presque machinalement et sans y attacher aucune idée de pénitence ou de repentir. Si manger gras un jour maigre leur paraît un péché, ils ne se font ce jour-là aucun scrupule de s'enivrer et de voler.

Les seigneurs sentent toute l'importance du mobile ou du frein de la religion, et en cultivent le germe dans leurs vassaux autant qu'il leur est possible; ils ont soin de faire bâtir de belles églises pour parler aux yeux. Le gouvernement, qui connaît les effets de ce

prestige, exerce dans leur construction une
vigilance active. Il n'est plus permis de construire d'églises en bois. Tous les seigneurs
font chaque année leurs pâques; quel que soit
le fond de leur cœur, ils n'hésitent pas à s'approcher des sacremens, puisqu'il s'agit de conserver leur autorité, et à faire de cette religion sainte un instrument d'injustice et d'oppression; le gouvernement les y oblige (52),
ainsi que l'armée, parce qu'il en a reconnu la
triste nécessité; mais les seigneurs la sentent
aussi bien que lui; ils voyent bien qu'il y va
de leur intérêt à perpétuer cet usage. Et les
Russes nous reprochent de n'avoir pas de religion !

Je me suis souvent demandé par quel miracle on avait pu amener les idées de ce peuple au point où elles sont, car tout paraît mi-
raculeusement arrangé. La noblesse a voulu
prendre un pouvoir absolu, dominer seule,
elle a maîtrisé le clergé, l'a ravalé à l'égal du
peuple qu'elle tient dans l'esclavage, et cependant la religion n'en a pas souffert. Ce peuple
en acquiert, en conserve assez pour qu'on
puisse s'en servir pour le conduire : comment
se fait-il que l'esclavage qui affaiblit tous les
ressorts, toutes les facultés de l'âme, qui rend
apathique sur tout, ne détruise pas également

l'idée de la religion? Comment peut-on prêcher
à l'esclave l'esprit de l'Évangile quand on ne
lui montre qu'abus de la force? Comment
peut-on se faire entendre de lui quand on lui
dit qu'il faut pardonner les injures, pratiquer
la vertu, la bienfaisance, et qu'il voit que son
maître, qui en sait plus que lui, fait tout le
contraire? Comment s'y est-on pris pour ôter
à ces hommes, tout, excepté cette disposition?
Y avait-il une marche certaine à suivre? Avait-
on calculé d'avance où l'on voulait en venir?
Y est-on arrivé avec quelque certitude? Je ne
le crois pas; je crois que c'est un effet du hasard, et on peut répondre à ces questions que
tous les hommes ont horreur du néant, et que
lorsqu'on leur parle d'une autre vie, de peines
et de récompenses éternelles, du paradis et de
l'enfer, il ne dépend pas d'eux de rester indifférens. Toutes ces distinctions de maître et
d'esclave, d'oppresseur et d'opprimé, de faible
et de fort, disparaissent devant la grande idée
de l'éternité; et l'esclave et le maître, et le do-
minateur et le sujet ne sont plus que des
hommes faibles, malheureux, animés du désir
inquiet d'une félicité plus grande à laquelle
ils ne sauraient renoncer, et que l'idée consolante d'une autre vie leur permet de nourrir.
Je sais qu'il est difficile de concilier la crainte

profonde des tourmens éternels; et l'observance attentive de toutes les privations pres-
crites pour les éviter, avec tous les vices, tous
les désordres, avec l'état d'impureté naturelle
à l'esclavage, et que la même religion condamne si hautement? C'est une de ces contradictions dont le cœur de l'homme n'offre que
trop d'exemples, et qui le rendent sous certains rapports bien inconcevable; on y voit
réunis des élémens bien opposés, bien peu
faits pour être ensemble. Le même homme
qui n'ose manger un œuf parce que la religion
le défend, ne craint pas d'enfreindre ses préceptes en s'enivrant ou en faisant pis encore.
De tous les problèmes de la nature, le cœur et
l'esprit humains ne sont pas les moins difficiles à résoudre.

Ce qui ne doit pas moins surprendre c'est la
manière dont la religion entre dans les vues
du gouvernement, et s'y adapte pour ainsi
dire. Le paysan est appauvri par l'esclavage; il
n'aurait pas de quoi manger de la viande toute
l'année, quand on le laisserait libre d'en user.
La religion vient lui prescrire de s'en priver,
et lui faire un mérite de ce qui serait pour
lui une nécessité. La pauvreté des paysans
russes fait sentir de quelle importance il était
qu'ils se conformassent aux privations qui doi-

vent les empêcher de s'apercevoir de leur malheureuse situation.

Il peut paraître prodigieux que le gouvernement, en opprimant les hommes, les ait ainsi forcés à se réfugier dans la religion. Il semble plus naturel de penser que cette religion existant chez ce peuple depuis huit siècles, c'est elle qui a préparé cette forme de gouvernement; que probablement on aurait trouvé plus de difficulté à courber ces hommes sous le joug s'ils fussent restés idolâtres, ou même s'ils se fussent faits catholiques romains; le rite romain prescrivant beaucoup moins de privations que le rite grec.

Toutefois l'esclavage des Polonais qui sont de la religion catholique romaine, était encore plus dur que n'est celui des Russes. Avec de la force ou du temps on peut façonner les hommes; et lorsqu'on emploie l'un et l'autre de ces deux grands moyens, on en fait ce qu'on veut.

CHAPITRE II.

Des nobles russes.

« L'esclavage, dit Montesquieu, n'est utile
« ni au maître, ni à l'esclave ; à celui-ci,
« parce qu'il ne peut rien faire par vertu ; à
« celui-là, parce qu'il contracte avec ses es-
« claves toutes sortes de mauvaises habitudes ;
« qu'il s'accoutume insensiblement à manquer
« à toutes les vertus morales ; qu'il devient
« fier, prompt, dur, colère, voluptueux, cruel. »

Je ne connaissais pas ce passage de Mon-
tesqieu lorsque j'ai écrit ce qu'on va lire ; mais
il s'accorde trop avec ce que j'ai eu occasion
d'observer, pour que je n'aie pas dû m'en ap-
puyer.

Entrons chez un seigneur, fendons cette foule
de domestiques qui remplissent l'antichambre
de l'odeur de leurs pelisses et de leurs personnes ; et qui, non contens de s'y établir la nuit,
y ronflent une grande partie de la journée.

Nous savons qu'il a un intendant, et que,
quoiqu'il passe à peu près sa vie à la campagne, il ne s'occupe pas plus d'agriculture que
s'il était à bord d'un vaisseau. Outre le dés-
agrément de parler à des gens qui ne veulent

pas comprendre, il y a une autre raison qui l'empêche de s'y livrer; c'est que dans un pays où ceux qui travaillent sont esclaves, il est du bon ton de ne pas travailler afin de se distinguer encore davantage. Lorsqu'on ne règne pas par la raison, il faut prendre un masque.

En se levant, le maître absolu boit du thé en fumant sa pipe. Un moment après il déjeune et boit de l'eau-de-vie; avec plus ou moins de peine il atteint l'heure du dîner. Avant qu'il se mette à table, et pour le disposer à cette grande œuvre, on lui apporte une ou deux fois de l'eau-de-vie.

Le dîner est copieux (53); on mange pour passer le temps, et pour se sentir différent de ce qu'on a été jusqu'à cette heure du jour. Toute la table, si grande qu'elle soit, est entourée de domestiques ordinairement plus nombreux que les convives. Après le café on tient un moment la conversation; on entend l'exécution de quelque morceau de musique sur le piano : mais bientôt le héros bâille, et s'en va dormir selon sa coutume de toutes les saisons.

A son réveil, on lui sert du thé dont il boit plus ou moins de tasses dans lesquelles il met plus ou moins d'eau-de-vie. Il fume; il se fait donner des confitures, des pommes, des pruneaux, etc. S'il y a du monde, on joue aux cartes; les dames s'exercent à la grande patience. Mais la soirée paraît longue néanmoins malgré la présence des nains et des fous, dont on s'entoure dans beaucoup de maisons distinguées. Les plus actifs lisent alors des romans ou des vers : on fait faire de la musique par ses esclaves, s'ils y sont habiles; on les fait chanter, danser; on se promène dans la maison. Si on a la légitime habitude de s'enivrer, on s'enivre.

Enfin vient l'heure tant attendue du souper; on boit une ou deux fois de l'eau-de-vie, et on se met à table pour ne manger pas moins qu'à dîner, en commençant par la soupe. On va se coucher, on dort encore beaucoup ; le lendemain on se réveille de fort mauvaise humeur, et on recommence.

L'esprit laissé sans culture, le jugement sans exercice, perdent toute leur force ; et, après un certain temps de cette vie oiseuse, ils sont tellement affaiblis, que l'idée de la moindre occupation déplaît, répugne, fatigue. Il n'est plus possible de fixer son attention sur rien. Aucun sujet n'offre assez d'intérêt pour provoquer la méditation. On ne peut plus penser tout seul, on n'est plus propre qu'à la conversation. Il ne faut rien moins que la présence de quelqu'un et la nécessité de parler pour faire mouvoir les ressorts de l'intelligence, si embarrassés, si rouillés.

Les énormes distances qu'il faut toujours franchir pour trouver avec qui échanger ses idées contribuent beaucoup à ôter à l'esprit sa vivacité. Il est effrayé lorsqu'il faut faire des rapprochemens, tandis qu'ailleurs les objets sur lesquels s'exerce la réflexion nous entourent, sont à notre portée. La pensée est beaucoup plus pénible dans les pays déserts que dans les pays peuplés. L'ennui a toujours le temps de saisir les voyageurs avant qu'ils n'arrivent. On passe une grande partie de la vie sur les chemins; il n'est, peut-être, rien de plus funeste à l'intelligence. Les bibliothéques des Russes, lorsqu'ils en ont, ne sont formées que d'ouvrages de goût. Ils estiment peu, ils méprisent même des occupations dans lesquelles il faut chercher péniblement la vérité, au lieu de laisser errer son esprit au gré de l'imagination. Aussi, il n'est presque pas un de ces messieurs qui voulût être un savant, un physicien, un naturaliste. Ils ne sont pas toujours maîtres de s'empêcher de rire de pitié en prononçant ces mots qui rappellent tant de miracles de l'esprit humain, et le seul abri qu'on ait laissé aux hommes contre l'oppression. Mais il n'y en a pas un non plus qui ne voulût être l'auteur d'un roman, d'une pièce de vers, d'une tragédie qu'on peut faire partout et sans perdre de vue le trône et la cour, vers lesquels l'amour-propre flatté, ou une haute idée d'eux-mêmes les porte sans cesse. Ainsi il y a long-temps que la nation a des poètes, et elle n'a encore ni savans, ni orateurs. On conçoit sans peine, en voyant dominer ces idées, qu'il peut être à la mode de tout ignorer, puisque le défaut d'instruction n'empêche ni de juger un roman, ni de goûter des vers, ni de figurer à la cour. Les emplois publics, les charges de la magistrature, les occupations sérieuses qui pourraient détruire ou au moins corriger cette tendance à la féerie de l'esprit et du cœur, n'existent pour ainsi dire pas. Personne ne veut des places inférieures qu'on a déshonorées, avilies : et pour les autres, on choisit plutôt un haut rang et une haute naissance que les talens.

Cette habitude de tout attribuer à la naissance et de voir qu'en effet on obtient tout par elle, finit par la faire regarder réellement comme tout, et le reste comme rien. Les nobles se croient dans toute la sincérité de leur cœur des hommes différens du reste de la nation, ou une espèce à part. Bien plus, je crois que

quand ils voudraient faire un effort pour avoir
une autre manière de voir, ils ne le pourraient
pas. Ils ont tous les mêmes idées, ils se conviennent entre eux, ils s'entendent ; et, sans
aucun projet, sans y penser, ils se soutiennent d'un bout de l'empire à l'autre. Ils s'estiment réciproquement comme les membres
d'une même corporation, où l'on est admis à
l'exclusion du reste des hommes, comme les
membres de l'Académie, du Conseil d'état, de
la Chambre des pairs, s'estiment entre eux. Ils
se servent comme feraient des espèces de francs-
maçons. Il ne dépend pas d'eux, dans la nécessité d'un choix, de donner la préférence à
un noble : leur amour-propre et leur égoïsme
y trouvent trop de satisfaction. Tant que l'é-
goïsme sera le mobile des actions humaines,
tant que les hommes mettront leur intérêt particulier avant l'intérêt de tous, on est sûr que
si on accorde à une classe quelconque, à des
hommes quels qu'ils soient, des avantages sur
les autres, ils feront tout leur possible pour
les conserver ; tous les moyens pour parvenir
à ce but leur paraîtront admissibles ; et s'ils y
renoncent, ce ne sera qu'après les avoir dé-
fendus de toutes leurs forces ; on ne doit pas
prétendre qu'il en soit autrement ; on ne doit
pas espérer de les voir se dépouiller d'eux-mê-

mes; ce serait trop exiger de la nature humaine.

Ainsi, tant que leur volonté prévaudra, il n'y aura pas d'autre justice que leur volonté; et si cette volonté a constamment l'avantage, si elle réussit toujours, elle prendra un air d'équité; parce que le succès légitime et justifie tout, parce que la justice est ce qui arrive le plus ordinairement par le cours naturel des choses; *il y a un Dieu*, ou *cela devait arriver*, sont à peu près synonymes. Ainsi l'injustice qui arrivera avec plus de constance encore, puisqu'elle sera le produit de l'égoïsme puissant qui ne doit jamais être en repos, l'injustice sera l'événement inévitable, le résultat du cours naturel des choses, l'arrêt du destin: tant il est facile à la force de se justifier! tant il est facile de prouver aux hommes qu'ils ont tort lorsqu'on est plus fort qu'eux! On conçoit, dès lors, la conduite que les grands tiendront envers leurs inférieurs : on devine si, lorsqu'ils auront un moyen comme la force pour les gouverner, ils iront en chercher un autre; s'ils se piqueront d'être justes, d'avoir de la conscience. L'injustice sera un *droit* (car on lui donnera ce nom), le *droit*, ou *les droits de la noblesse*, et ces droits s'étendront sur tout, jusque sur la vie de leurs inférieurs, à laquelle il faudra leur défendre d'attenter, si on ne veut les voir y porter atteinte, pour goûter davantage le sentiment de leur force ou de leur grandeur. Croyez-vous donc que l'homme puisse se lancer à demi dans la carrière de l'iniquité, ou que l'égoïsme puisse se modérer lorsque tout le favorise?

Les taxes, les impôts, les rançons se multiplieront à volonté, et seront exigés le bâton à la main : l'homme veut tout ce qu'il peut dans ses intérêts.

O pudeur! où fuis-tu quand tu nous a quittés?

Leurs relations avec leurs égaux ne leur donneront de la conscience qu'une idée bien légère et bien fugitive, en comparaison de la constante pratique de leurs intérêts; ou, pour mieux dire, ils auront deux consciences; une pour ceux qui pourront résister et qui les obligeront à se rapprocher de la ligne de la justice; et l'autre, pour ceux qui ne pourront offrir aucune résistance, et sur lesquels ils se vengeront de la contrainte que les autres leur auront imposée; car rien n'est pénible comme ces sortes de détails, cette connaissance minutieuse du tien et du mien. Il est bien plus simple, plus commode, plus distingué de prendre tout pour soi.

Ils conserveront cette disposition; on s'en

apercevra si on leur donne quelque place à
remplir. Il n'y a pas de fonctionnaire public
en Russie qui ne succombe à cette tentation ;
et succomber est encore une expression à leur
avantage, puisqu'elle suppose une lutté, une
résistance, et qu'ils sont loin d'en opposer à
l'habitude de prendre, devenue naturelle. Les
petits partagent avec leurs supérieurs : ceux-ci
donnent aux surveillans, aux juges, aux gouverneurs pour qu'ils ferment les yeux. Les
gouverneurs donnent aux ministres pour qu'ils
les tolèrent. Depuis long-temps on envoyait
des sénateurs pour inspecter les gouvernemens ; les gouverneurs savaient leur arrivée
long-temps à l'avance : quand le sénateur venait, la somme était prête ; on la lui glissait,
on lui donnait un bal, et il trouvait tout en
règle ; son rapport était des plus favorables.
Un gouverneur a mille écus d'appointemens, ce
qui suffit à peu près pour acheter le bois qu'il
lui faut. Celui qui n'a pas de fortune a comme
les autres un train de vingt, trente, quarante
mille francs de dépense et davantage ; et en
cinq ou six ans, il achète quelquefois pour
deux ou trois cent mille francs de bien. Ce qui
a paru bien extraordinaire à toute la nation,
c'est de voir user de rigueur contre ces abus.
En 1815, l'empereur envoya pour inspecter

quelques provinces, un sénateur en qui il avait confiance (le sénateur Missayéduf) ; il lui recommanda une juste sévérité. Ce brave homme ne laissa aucune autorité en place dans le gouvernement de Toula ; il fut obligé de tout casser depuis le gouverneur jusqu'aux plus petits employés. Il ne put faire autrement dans le gouvernement de Koursk, ni dans celui d'Orel. Sur trois ou quatre cents employés qu'il y avait dans chacun de ces gouvernemens, il se trouvait à peine quatre ou cinq personnes à conserver ; le reste était corrompu jusqu'à la moelle des os. Et à quoi cette sévérité aura-t-elle servi ! à peine était-il dans le gouvernement d'Orel, qu'on disait déjà que le nouveau gouverneur de Toula faisait pis que son prédécesseur. Il faut reconnaître là l'esprit cosaque.

On voit, dans cet état de choses, se réaliser le proverbe de l'oisiveté mère des vices. A l'âge où les passions se développent, tout est à souhait : il n'y a pas d'esclave qui résiste à son maître. C'est autant pour prévenir les dérèglemens des jeunes seigneurs, toujours favorisés par la basse complaisance des domestiques, que pour leur instruction, qu'on place auprès d'eux des étrangers, des hommes libres, qui aient une moralité que ne peut avoir l'esclave. Aux dépens de leur amour-propre national, tous les grands sont obligés d'écarter de leurs fils des êtres dégradés, et de les subordonner à des hommes nés et élevés dans les principes de l'honneur et du devoir : et je dis, avec orgueil, que c'était ordinairement des Français qu'on choisissait pour remplir ce noble ministère : tant il est vrai, tant il est reconnu du monde entier, que ces deux mots France et honneur sont à jamais inséparables!

Mais enfin, devenu son maître, le nouveau seigneur use de ses droits. Il n'y a pas de maison où ces licences ne se voient; il n'y a presque pas de table de riche où ne viennent s'asseoir des enfans naturels envers lesquels, il faut en convenir, les Russes en agissent avec une générosité, une philanthropie, bien dignes d'éloges. Dans l'intérêt des mœurs, la religion défend les mariages entre parens, même les plus éloignés; mais que les passions s'en vengent quelquefois d'une manière scandaleuse!!

Voilà ce que produisent l'oisiveté, la fortune et le pouvoir dans l'isolement; au lieu d'une vie régulière et honorable, une suite non interrompue de vices et de désordres.

Si le travail forme le caractère de l'homme en lui donnant le sentiment de sa dignité, il suffirait assez de l'oisiveté pour le faire décheoir ou l'empêcher d'acquérir son développement naturel. Que doit-ce donc être, lorsqu'à l'oisiveté se joignent les vices qu'elle produit si souvent! le caractère au lieu de la force et de la générosité n'offre plus que faiblesse et méchanceté. L'amour-propre, la jalousie, la bizarrerie, les caprices, tous les travers dans lesquels se jettent l'intelligence et la force de l'homme, déviées de leur voie naturelle qui est le travail, le tourmentent sans cesse, et font de ces grands oisifs de vieux enfans. Les jeunes gens ont de la gaîté; ils sont tous au service militaire ou y sont destinés; ils ont un avenir : l'homme fait, revenu de tout et vivant sur sa terre n'en a plus. Dans cette situation, qui est la plus grande partie de leur vie, les Russes ne sont pas gais, parce qu'une autorité, fondée sur la raison, ne saurait donner une satisfaction réelle. Privés d'objets de distraction, ils sont tout entiers au sentiment pénible de leur inutile existence. L'ennui, mais l'ennui le plus triste, puisque c'est l'ennui de soi-même, ne les quitte plus. Ils s'ennuient en se levant, ils sont encore ennuyés de la veille; et le jour, qui se prépare, les embarrasse. Leur triste isolement fait de leur séjour une espèce de lieu d'abandon. On devient mélancolique ou disposé aux émotions les plus tristes, les plus sombres : on en est avide; c'est le pays où les poètes élégiaques auraient le plus de plaisir à publier leurs ouvrages, parce que c'est, de toute l'Europe, celui où ils produisent le plus d'effet. Tous les cœurs sont pressés du besoin d'exprimer de tristes sentimens, tous cherchent à se répandre en expressions pathétiques : tout le monde veut faire ou entendre des vers, et se sent soulagé lorsqu'il a fait preuve de sensibilité en les écoutant.

Nulle part on n'apprécie autant les plaisirs de la société. Lorsque le ciel accorde cette faveur, on est heureux un moment. On se lie facilement, on s'éprend très vide. Les idées romanesques dominantes cherchent à se réaliser. On voit souvent chez les hommes l'amour malheureux recourir au suicide pour prouver sa force et sa sincérité. D'autres fois on se tue pour ne savoir pas vivre. On ne peut se faire une idée des écarts de l'imagination livrée à elle-même : combien elle est habile à se créer des maux. Avec tout ce qu'il faut pour être heureux on est au comble du malheur, parce qu'il manque le correctif, le travail, ou les difficultés nécessaires dans la vie, par le plaisir que nous avons à les surmonter.

Les liens du sang sont très forts entre les nobles russes ; conséquence de l'isolement et de l'abondance des biens. Mais s'ils sont bons pères et bons fils, ils sont mauvais époux, à cause de leurs imperfections de caractère; et parce que pour être bon mari, il faut avoir un caractère d'homme développé. Ils exercent souvent la patience de leurs femmes, auprès desquelles ils sont loin d'être soigneux. Ils les rendent souvent malheureuses: bien leur vaut, je crois, d'être dans la solitude. En voyant leur habileté à leur chercher des torts, je me suis quelquefois demandé s'ils en agiraient ainsi au milieu de nos villes; et j'ai vu que la crainte du ridicule et les occasions de vengeance pour leurs épouses sauraient bien les retenir. Tels qu'ils sont, leurs femmes ne pourraient guère les aimer sans l'autorité qui leur donne un air de mérite.

Les filles ont chacune un quatorzième de la fortune de la famille; mais il est rare qu'on n'y joigne pas quelque dédommagement de cette rigueur de la loi. (54)

Après l'enfance, il n'y a donc, pour les jeunes nobles, que le service militaire. Il y a peu de places dans l'intérieur qui puissent leur offrir une carrière : un honnête homme ne veut être ni juge, ni avocat. Les nobles ne pensent qu'au service militaire; ils ne connaissent et ne veulent que ce sort. Ils sont obligés de servir puisqu'il faut que ce soient les mêmes qui com-

mandent l'armée et le peuple; mais c'est bien
de leur goût : sans cette occupation, ils ne
sauraient que devenir, ils n'auraient rien à
faire dans ce monde. Comme militaires, ce sont
des fanfarons pleins de cœur. Ils seraient difficiles s'ils ne se contentaient pas de l'expression : c'est ce que Voltaire a dit de Villars.

« C'est une superbe chose que la bravoure,
« a dit madame de Staël, quand on expose une
« vie chère à sa famille, une tête remplie de
« vertus et de lumières, et qu'un citoyen se
« fait soldat, pour maintenir ses droits de ci-
« toyen. Mais quand des hommes se battent
« seulement parce qu'ils ne veulent se donner
« la peine d'occuper leur esprit et leur temps
« par aucun travail, ils ne doivent pas être
« long-temps admirés.... » Que doit-ce donc être
lorsqu'ils se battent pour conserver des droits
injustes, pour maintenir leur pays dans l'oppression!

L'habitude de commander chez eux et les
grades militaires leur donnent de la hauteur :
mais cette hauteur qui ne repose ni sur les talens, ni sur les vertus, qui ne s'appuie sur aucun mérite, est bien loin de l'élévation réelle.
Elle ressemble beaucoup à celle des clochers
de leurs villes qui ne sont que mensonge. Ils
parlent toujours du pouvoir des grands, et ja-

mais des qualités du peuple; toujours de politique et jamais de morale, celle-ci n'existe pas pour eux. Ne connaissant les vertus que par ouï-dire, ils en ont souvent trouvé dans les livres, mais rarement au fond de leur cœur. Point de droit des gens, point de lois à suivre, point de justice à rendre; le bâton a tout remplacé!

Ils sont crédules, imbus de préjugés religieux, magiques, et autres conséquences naturelles de l'ignorance et du défaut de caractère. Ils ont tous quelque histoire de revenant, de sorcier, d'esprit follet, de miracles, à vous raconter : ils m'en ont souvent rompu la tête. Un officier qui connaissait fort bien notre littérature, avec lequel nous fîmes route peu de jours après avoir été pris, se mit, après une conversation sérieuse, à me parler de revenans : si nous avions eu le temps de nous arrêter, et qu'il eût eu ce qu'il lui fallait, il m'aurait fait voir qui j'aurais voulu, quelques uns de mes amis ou de mes proches, morts depuis long-temps; il parlait sérieusement. Je fus étonné; je ne connaissais pas encore ces messieurs. Dans ces derniers temps, les Russes ont donné, comme on pouvait le prévoir, dans le magnétisme animal; de telles vérités devaient leur convenir : il s'agit de croire sans examen.

Les nobles russes sont aussi généreux par
ostentation envers les étrangers qu'ils le sont
peu envers les indigènes; ils sont dissipateurs
comme les hommes à qui les biens arrivent
sans peine. Il n'y a pas de pays où, sans être
dans aucune espèce d'affaire, les riches se ruinent aussi facilement, où les fortunes changent si souvent de maître. Ils sont très hospitaliers; ils ont les moyens et l'habitude de
donner; ils nourrissent tout ce qui les entoure. D'ailleurs, lorsque des hommes, par leur
naissance ou le rang qu'ils occupent dans le
monde, reçoivent de ce qui les environne, avec
l'opulence, tous les agrémens de la vie, il y va
de leur honneur de se montrer sensibles à tant
de bienfaits, et d'y répondre par ce qui peut
le mieux indemniser les autres, par la générosité, par cette grandeur de tous les temps
et de tous les lieux qui consiste à répandre
les richesses. Tel est assez ordinairement le
cœur de l'homme, désireux de ce qu'il ne
possède pas, et prodigue de ce dont il ne peut
manquer. On est presque sûr de l'élever ou
d'inspirer de beaux sentimens et de belles actions en comblant le vide que les besoins ou
l'indigence créent autour de nous. Le cœur
humain peut être comparé à un corps élas-
tique qui réagit plus ou moins selon qu'on

le presse en bien ou en mal. Dans tous les pays de la terre, vous trouverez plus de prodigalité chez ceux à qui la fortune a toujours souri que chez ceux qui ont acquis péniblement la leur : les uns et les autres sont conséquens. Accoutumés à ne rien surveiller, les nobles russes ne sont point minutieux ; ils ont de grandes manières. La paresse de leurs gens, qui les servent toujours fort mal, fait qu'ils sont faciles à contenter. L'ennui, le besoin de sensations les rendent très accessibles ; ils ne savent se refuser à qui veut les voir. La fierté, la hauteur les porte à admirer le beau. On leur a fait le reproche de barbarie, ils ont le désir louable de détruire cette réputation ; c'est un mérite en eux, puisqu'ils pourraient se passer de payer tribut au génie : ils ont cet avantage sur les Orientaux. Ayant la fortune et le pouvoir, ils aspirent à l'esprit, croyant que le jugement doit s'y trouver. Parlant familièrement notre langue, ils aiment notre théâtre. Les grands jouent souvent la comédie et la tragédie en français : avant cette guerre, c'était le talent auquel les plus capables aspiraient; ils aimaient à se voir avec l'habit de Philinte, d'Orosmane, de Figaro; ils se faisaient peindre sous ces costumes. Les jeunes gens sont aimables dans le monde : leur conversation est enjouée : ce sont des hommes de société, mais non des hommes solides.

Dans ce genre de vie, les Russes sont bientôt vieux ; leur corps usé par les excès n'étant soutenu ni par le travail, ni par l'exercice (ils ne sortent presque jamais à pied), ni par l'intelligence, tombe de bonne heure ; ils sont très vieux de corps et d'esprit à soixante ans. Les paysans au contraire parviennent à un âge très avancé, juste dédommagement des privations qu'ils souffrent, car la vie est toujours un bien.

Les dames russes, moins détournées de leur vocation naturelle, puisque partout une mère s'occupe de ses enfans, et au moins inspecte sa maison ; les dames russes ont, sous le rapport du mérite, de l'avantage sur les hommes. Le défaut de soucis pour l'existence leur laisse prendre beaucoup d'enjouement et de grâce dans l'esprit, ce qu'empêchent le travail et des idées sérieuses qui ne sont pas faites pour les femmes. Elles sont fort bien élevées ; elles parlent et écrivent correctement notre langue, et peut-être la leur. J'en ai vu auxquelles trois ou quatre langues étaient également familières ; elles connaissent notre théâtre et notre littérature mieux que les Françaises ; entourées d'un grand nombre de domestiques pour les servir, elles peuvent donner toute leur jeunesse à leur éducation ; mais il ne faudrait pas ensuite que ce défaut d'occupation fût poussé jusqu'au désœuvrement. Beaucoup d'entre elles, et surtout celles d'un rang inférieur qui craignent toujours de ne pas paraître assez nobles, restent souvent oisives : elles perdent ainsi beaucoup de leur amabilité, car lorsqu'on s'ennuie on n'est pas aimable : la raison en repos laisse trop prendre le dessus à l'imagination, à la rêverie, aux idées mélancoliques et romanesques ; on s'affaiblit à mesure que la sensibilité s'exalte. Les romans, les vers, la musique dont on se nourrit, sont loin d'apporter remède à tant de maux ; quelques unes donnent dans l'amour de Dieu, et beaucoup suivent le chemin battu de l'amour des hommes. Qui dit château dit romances, soupirs, etc. ; mais le vice vient moins souvent du côté des femmes que de celui des hommes. (55)

Les enfans des nobles sont élevés dans des idées de domination qu'il serait impossible de prévenir chez eux, puisque tout ce qu'ils voyent les leur donne ; dès qu'ils peuvent parler, ou exprimer des volontés, ils voyent que tout ce qui les entoure leur est soumis. Après avoir ainsi quelquefois essayé leur puissance, ils en sont sûrs; ils sentent bien qu'ils sont supérieurs aux autres enfans. Dès cet âge, on leur donne souvent raison sur des hommes faits : leur vanité s'en accommode trop pour qu'ils se piquent ensuite d'être respectueux envers l'âge. Un vieillard, s'il est esclave, n'est qu'un esclave à leurs yeux; ils font de bonne heure cette différence. J'ai vu des demoiselles pleines de sentimens et de délicatesse, qui avaient le meilleur cœur, ordonner de sang-froid qu'on châtiât un de leurs gens, qu'on l'accablât de coups, parce qu'elles ne pouvaient s'imaginer que cet homme fût de la même espèce qu'elles : elles auraient vainement cherché à se le persuader; et combien cette idée lève de scrupules !

Accoutumés dès l'enfance à avoir toujours bien dit et bien fait, quelque chose qu'ils disent et qu'ils fassent, les nobles en contractent une confiance en eux-mêmes, une vanité qui les porte à ne pas s'astreindre à réfléchir; ils mettent leur volonté à la place de la raison, et finissent par regarder cette volonté comme la raison la plus pure : ils en sont souvent dupes, mais ils ne peuvent en revenir; ils ne peuvent s'en tenir à ce qu'ils ne connaissent pas.

Ainsi l'esclave et son maître dégénèrent

presque à l'envi l'un de l'autre, et deviennent des êtres faux, hétérogènes, qui n'ont rien d'analogue dans la nature. L'esclave est paresseux, le maître est oisif. Qui croirait que dans un si vaste pays, où il y a tant de personnes sans affaires qui pourraient s'occuper des travaux de l'esprit, on ne voit cependant éclore aucun ouvrage littéraire ? Ils tirent tout de l'étranger.

Le paysan est ivrogne ; le maître est loin d'être sobre.

Le paysan prend volontiers ce qu'il trouve à sa portée, sans craindre de se déshonorer ; le maître le rançonne.

Le paysan n'a pas de conscience ; le maître en a deux.

Le paysan est cruel lorsqu'il sort de son assoupissement ordinaire ; l'autre, qui fait des malheureux toute la vie, qui ne s'applique qu'à assurer le succès d'une tyrannie raffinée pendant des siècles, a en outre l'habitude de faire punir ou de punir lui-même, et use parfois du pouvoir de vendre ses vassaux, de séparer les membres d'une famille.

L'esclave est sans mœurs ; celles du maître peuvent-elles être sévères ?

Les nobles russes disent avoir fait preuve de patriotisme dans ces derniers événemens. J'ai dit

précédemment combien il était réel. Dans le rang
où ils sont arrivés au-dessus du peuple, non pas
de bas en haut, aidant ainsi ce qui les entourait à s'élever avec eux, mais de haut en bas
comme des poids tombés du ciel pour l'écra-
ser, ils n'agissent que dans ce sens; incapables de se soutenir par eux-mêmes, c'est toujours au peuple à les supporter. Suivant l'impulsion qu'ils ont reçue à leur origine, ils ten-
dront toujours à descendre par leurs faibles-
ses; mais le peuple sera toujours plus bas
qu'eux. Pauvre peuple! on t'humilie, on t'avi-
lit, on te fait dégénérer; et on te reproche ensuite d'être humble, vil, déchu! on prend
même de ta situation actuelle de nouveaux
motifs pour ajouter à ta honte et à tes maux
s'il est possible! on ne te plaint plus! tu n'es
plus de l'espèce des hommes! on ne doit plus te
traiter comme tel! et en effet, on ne retrouve
plus en toi rien d'humain, on n'y voit nulle
trace de ta noble origine!

Ainsi, la fierté, l'orgueil, le pouvoir de commettre les excès les plus condamnables, et la
certitude de l'impunité, tel est l'horizon de
ces êtres privilégiés qu'on a appelés *nobles*, de
peur sans doute que le peuple ne les nommât
autrement. Cette fierté, cet orgueil qui tend
toujours à monter (par droit de rang ou de

naissance, bien entendu, et jamais par le mérite
dont ils aiment si peu à entendre parler), cet
orgueil ne s'arrête qu'à ce qu'il trouve de plus
élevé, et dédaigne tout le reste. La classe inter-
médiaire ne pouvant tenir au mépris de la
classe supérieure lorsqu'elle est toute-puis-
sante, cède facilement, disparaît devant l'éclat
des grandeurs, et va se ranger parmi le peuple
pour les admirer ; c'en est fait alors, elle a
cessé d'exister : elle a toujours à perte de vue
au-dessus d'elle cette noblesse qui écrase tout.
C'est l'ivraie qui étouffe le bon grain. Voilà la
théorie selon laquelle s'est opérée l'organisation actuelle de la Russie, si l'on doit appeler
organisation un état de choses dans lequel tout
tend au pire.

Des personnes qui aiment à remonter aux
causes s'étendraient ici sur l'organisation du
gouvernement et iraient chercher dans les plus
obscures archives les actes qui sont émanés de
l'autorité depuis les temps les plus reculés jusqu'à l'époque actuelle, comme s'il était besoin
de ces recherches pour la connaître.

Je dirai seulement que tel est l'état actuel
de la Russie, que les lois comme causes se de-
vinent par ces effets ; que si les lois de cet
empire sont justes, elles ne sont pas obser-
vées, que c'est dès lors comme si elles n'exis-

taient pas ; enfin, voilà ce qu'elles ordonnent où ce qu'elles tolèrent.

Qui croirait cependant qu'on a cité cette forme de gouvernement comme la meilleure? Elle ne peut paraître telle qu'à ceux qui habitent les châteaux; ceux qui sont dans les chaumières doivent en avoir une idée bien différente.

On dira peut-être que la preuve que ce mode de gouvernement est le meilleur, c'est que c'est celui qui s'entretient à moins de frais, et qui peut être le plus durable; car une fois que l'homme est tombé dans cette espèce de léthargie, il ne cherche plus à en sortir, et comme il n'a jamais connu d'autre situation, il ne s'aperçoit pas de son malheur; par conséquent il n'est pas malheureux.

Je répondrai à cet argument, qui paraît fort, que l'homme à qui on fait sauter la tête d'un coup de pistolet n'est plus malheureux non plus; j'ajouterai qu'il n'y a rien de plus durable que la mort. J'aurais trop d'avantage à parler des frais. Faut-il donc mettre en question si c'est pour lui-même que le peuple existe ou pour quelques personnages qui semblent encore se plaindre de la peine qu'il y a à l'exploiter?

Beaucoup plus de personnes, sans doute, seront étonnées que cette organisation ait pu

s'opérer, ou du moins qu'elle dure encore en
Europe; elles ne pensent déjà qu'à en voir la
fin, qui leur paraît inévitable et différée jusqu'à ce moment comme par miracle.

L'état de servitude paraît avoir été préparé
dès long-temps dans ces contrées; il est probable que les paysans de tant de princes apa-
nagés qui n'avaient quelquefois qu'un village
pour toute souveraineté, n'étaient pas maîtres de quitter les états de leurs faibles tyrans
qui, par ces émigrations, auraient risqué de
se voir sans sujets.

« Au seizième siècle, les paysans sans être
« serfs n'avaient point de propriétés fonciè-
« res », dit L'Évesque, *Histoire de Russie*. Voilà
déjà à peu près la servitude. On ne les déclare
pas serfs, mais on les force à se jeter dans la
servitude comme dans un refuge; c'est ce
qu'ils faisaient. « On ne connaissait d'esclaves
« que les captifs faits à la guerre, dit cet au-
« teur, ceux qu'on achetait des Cosaques et des
« Tatars, et les Russes qui s'étaient vendus. »
Ils se vendaient très facilement : les étrangers
les mieux instruits le leur ont reproché. « J'en
« sais bien la raison, dit Montesquieu; c'est
« que leur liberté ne vaut rien. » En effet,
qu'est-ce que la liberté sans le droit de propriété? un vain nom, une ironie.

L'historien continue : « Tous ces esclaves
« étaient ordinairement affranchis à la mort
« du maître ; mais souvent, dénués de tout
« secours, et embarrassés de leur liberté, ils
« n'en profitaient que pour se vendre : » plus
embarrassés d'eux-mêmes que ceux qui se
vendaient pour la première fois, puisqu'ils
s'étaient accoutumés à vivre dans l'esclavage,
c'est-à-dire dans la paresse.

« Les domestiques servaient par contrat
« pour un temps convenu ; ces contrats étaient
« déposés à un tribunal chargé d'en faire ob-
« server les clauses et de juger les différends
« qui pouvaient s'élever entre les valets et les
« maîtres. Ainsi, les uns et les autres, égale-
« ment sous l'empire de la loi, en recevaient
« une protection égale, et pouvaient en im-
« plorer la justice. »

L'implorer, oui ; mais je crois que les esclaves se dégoûtaient bientôt d'y avoir recours.
Dans un pays où les uns possèdent tout, et
où les autres ne peuvent rien posséder, il doit
y avoir une différence entre ces deux espèces
d'hommes comme de la nuit au jour. Ce n'é-
tait pas la servitude avérée, mais c'en était
bien près ; il ne fallait plus que lâcher le mot,
et il fut lâché au commencement du siècle
suivant.

« En rendant justice aux talens de Godou-
« nof, la postérité, indignée de ses crimes,
« doit surtout abhorrer sa mémoire, s'il est
« vrai que ce soit sous son ministère, pendant
« le règne de l'inutile Fédor, que les paysans
« russes ont été soumis au servage de la glèbe.
« Jusque là, il n'y avait pas eu de serfs. » Tout
était comme il vient d'être dit. « Mais les entre-
« prises ambitieuses d'Ivan IV avaient dépeuplé
« l'état. Les paysans abandonnaient les campa-
« gnes presque désertes, et, devenus vagabonds,
« ils exerçaient souvent le brigandage. Pour re-
« médier à ce mal, Fédor, ou plutôt Godou-
« nof, qui régnait sous son nom, ne trouva
« d'autre moyen que de les charger de chaînes
« et de les attacher à la glèbe. » Quel remède !
quel repos après tant de malheurs ! Il y a des
peuples qui sont comme certains hommes, ils
ne peuvent pas être malheureux à demi.

Enfin Pierre Iᵉʳ ajouta à leur dépendance,
s'il était possible, par la forme qu'il fit prendre à la perception de l'impôt. « Chaque sei-
« gneur paye au prince une somme fixée pour
« chaque tête de paysans qui habitent son do-
« maine ; il faut que ces paysans lui appar-
« tiennent et ne lui puissent échapper, car sans
« cela il risquerait de payer gratuitement pen-
« dant vingt ans pour des hommes qui ne se-

« raient plus de sa seigneurie ; il est aussi
« obligé de fournir un nombre d'hommes pre-
« scrit pour les recrues. Comment les fourni-
« rait-il s'ils lui pouvaient échapper ? » (L'É-
vesque.)

A partir de ce qui existait au seizième siècle,
on sent bien qu'il n'a pas dû être difficile d'organiser l'esclavage ; il existait déjà dans l'âme
du peuple : il se faisait esclave de lui-même :
les hommes se vendaient. En déclarant les
paysans esclaves, on dut entrer dans leurs
vues ; on dut paraître les débarrasser de la liberté de leurs personnes qui leur pesait dans
un pays où la liberté avait tant d'inconvéniens sans aucun avantage. Les vexations de
Pierre 1er, qui aggravait la servitude de ses
sujets en leur ordonnant de ressembler à des
hommes libres, sa nouvelle manière de perce-
voir l'impôt et de prendre des recrues, étaient
des additions à la servitude qui devaient être
peu senties ; la résistance était vaincue ; elle
avait eu lieu à des époques que nous ne con-
naissons pas ; ou peut-être la perte des droits
du peuple avait-elle été confondue dans des
événemens politiques qui l'avaient empêché
de la sentir.

On voit par ces citations que ce sont les seigneurs qui désignent ceux de leurs vassaux

qui doivent être soldats ; cette loi est encore
en vigueur, et maintenant plus que jamais,
puisque la Russie n'a jamais eu d'aussi fortes
armées. Lorsque l'ukase qui ordonne la levée
des recrues paraît, les nobles se réunissent chez
le *maréchal de la noblesse* du district, qui est
à peu près le bâtonnier de l'ordre, et on fait
la répartition selon le nombre d'âmes que
chacun possède, et ce que demande l'édit
impérial ; un sur cinq, sur dix, sur cinquante, etc. Les marchands ne fournissent pas de
recrues ; ils donnent de l'argent en proportion.
Les bourgeois, c'est-à-dire la classe très faible
et très peu nombreuse des hommes qui ne
tiennent ni à la noblesse, ni au corps des
marchands, ni au sacerdoce, payent de leur
personne et sont faits soldats comme les paysans ; seulement ils ont l'espoir d'obtenir quelque avancement s'ils ont de l'éducation, et le
grade d'officier donne la noblesse. Mais la plupart de ces jeunes gens n'ayant pas les moyens
de se soutenir dans la carrière militaire où les
appointemens ne peuvent suffire aux dépenses,
et où ils sont d'ailleurs moins favorisés que les
nobles, se mettent dans le service civil dont
les grades sont assimilés aux grades de l'armée, et où le défaut de gloire est compensé
par l'espoir fondé de profits non limités. C'est

ainsi que se recrutent les administrations : les petits nobles et les bourgeois ne peuvent guère s'y élever au-dessus des emplois subalternes, les places importantes étant dévolues à la naissance ou à l'épée.

Les recrues sont prises parmi les hommes de dix-huit à trente-six ou quarante ans. Lorsqu'un homme est fait soldat, il l'est pour vingt-sept ans, ce qui veut dire à peu près pour toute la vie. On a voulu éviter par là qu'un soldat redevînt serf : et lorsque, pour des blessures ou des infirmités, il est mis à la réforme et rentre dans sa famille ou chez son seigneur, il doit continuer à se raser, une longue barbe étant ordinairement un signe de servitude.

Lorsqu'un soldat a fait le long temps de service exigé par le gouvernement, on le garde encore s'il est en état de porter les armes, ou on le fait passer dans les troupes destinées à un service intérieur moins pénible, les invalides ne pouvant s'accorder qu'à un petit nombre, en supposant qu'il existe en Russie un établissement de ce genre. (56)

Libres de choisir ceux de leurs vassaux qui doivent être donnés pour recrues, les seigneurs désignent d'abord les hommes dont on a le plus à se plaindre et qui ne sont pas toujours exempts de crimes ; la possibilité de se défaire d'eux de cette manière, empêche souvent qu'on ne livre les malfaiteurs à la justice qui les perdrait pour rien, au lieu que le conseil de recrutement les reçoit en compte. Ainsi les armées russes sont d'abord composées de ce qu'il y a de pire dans la nation; et la crainte d'y être envoyé ne contribue pas peu à maintenir l'ordre et la discipline parmi les vassaux. On peut même dans certains temps, lorsqu'un homme se comporte mal, le donner d'avance pour soldat.

Les nombreux domestiques qu'on est obligé de nourrir, loger, habiller, etc., et qu'on ne sait comment utiliser, pourraient, ce semble, fournir des soldats pendant bien des années : les maîtres y gagneraient, et la classe des paysans, très nécessaire dans ce pays surtout, augmenterait en proportion.

Toutes les fois que l'idée du bien se présente dans le pays du despotisme, soyez assuré qu'il y a un obstacle invincible qui en empêche l'exécution. Ces domestiques qui ruinent leurs maîtres, qui sont la plupart de mauvais sujets parce qu'ils sont oisifs, et qui se multiplient de manière à faire croire qu'ils seront bientôt une calamité générale, ces domestiques forment un corps qu'il faut se garder de mécontenter; ils aident, comme je l'ai déjà dit, les maîtres à régner sur les paysans; il faut que les maîtres les supportent. On ne peut parler de les remettre à la charrue, qui est devenue pour eux l'objet du plus grand mépris ; et pour les faire partir comme soldats, il faut qu'ils aient commis des fautes qui excluent toute idée de violence exercée à leur égard. On se garde de donner pour soldat un homme qui n'aurait pas mérité, par sa conduite, cette sévère punition ; car ils envisagent toujours comme telle l'exécution de la loi lorsqu'elle les atteint ; il ne peut pas être ici question d'amour de la patrie, de justice, de conscience ; nous avons vu que ce langage leur était inintelligible. Tout retombe donc sur les malheureux paysans, et ce sont les satellites du château qui les arrachent, s'il le faut, à leurs femmes, à leurs enfans, pour les livrer aux autorités des villes ; mais on est rarement obligé d'employer la force. Ces pauvres gens, ne se comparant à personne, savent bien que c'est toujours à eux à souffrir ; ils mettent quelquefois beaucoup de constance et de finesse à feindre des infirmités ou des maladies ; il leur en coûte de quitter le toit paternel, car la nature conserve encore quelques uns de ses droits : ils sont donc encore fils, époux, frères, parens, tant qu'ils espèrent se soustraire à l'ordre rigoureux qui menace de rompre les faibles liens qui les attachent à leur famille et

au sol natal : mais, dès qu'en signe d'accep-
tation, le fatal ciseau du recrutement leur a
coupé les cheveux au-dessus du front, leurs
idées changent, ce ne sont plus que des soldats
qui, loin de penser à des moyens d'évasion qu'ils
savent désormais inutiles, ne songent qu'à leur
nouvelle vie; et leurs chants de chaque jour
annoncent assez que la gaîté a remplacé chez
eux la plus morne tristesse ; d'un autre côté,
l'affection des parens ne dure pas.

Les femmes de ceux qui étaient mariés, devenues libres, ne tardent pas à oublier leurs
devoirs. S'ils restent sept ans à donner de leurs
nouvelles, elles peuvent également contracter
de nouveaux liens; on conçoit que cette règle
prêtant beaucoup à l'arbitraire dans un pays
si vaste, il doit souvent arriver qu'un soldat,
rentrant chez lui, trouve sa femme unie à un
autre. Dans ces derniers temps, le gouvernement s'était déclaré protecteur ou possesseur
des enfans de soldat, c'est-à-dire, de ceux qui
étaient nés après le départ de leurs pères. Lorsqu'on a voulu les réunir, le nombre s'en est
trouvé considérable : ces dames ont prouvé
amplement que, ni le temps, ni la distance
n'étaient des obstacles pour l'amour joint à la
valeur, et que la froide tombe ne saurait ren-
fermer les héros tout entiers.

Chaque seigneur habille d'un premier uniforme les soldats qu'il donne, et leur fournit en argent ou en nature des vivres pour trois mois.

Lorsque le gouvernement a en même temps besoin de chevaux pour la cavalerie, on est libre de donner deux ou trois chevaux pour un homme.

Toutes ces levées ne se font pas sans que les seigneurs eux-mêmes n'aient plusieurs fois occasion de gémir sur l'intégrité bannie de la magistrature, et de toutes les fonctions publiques : ce n'est pas seulement pour les pauvres que la justice et les mœurs sont nécessaires.

Le résultat des levées n'est en Russie, ni aussi prompt, ni aussi efficace qu'ailleurs, à en juger par les ukases qui ordonnent la mise en activité d'un homme sur vingt-cinq, sur quinze, sur dix, etc.; on croirait, en comparant ces ordres à la grande population de cet empire, qu'ils vont produire des armées très considérables. On se tromperait si l'on s'en tenait rigoureusement à ces calculs. Il est beaucoup de peuplades d'Asie qui se gouvernent par leurs usages, et qui, comme les cosaques, fournissent leur contingent à leur manière. Or, ces troupes sont d'une si faible ressource, et tellement à charge aux pays par où elles passent, qu'on évite autant que possible de s'en servir ; en outre dans un pays où les distances sont si grandes, il est bien difficile de réunir des hommes : pendant leurs longues marches dans des temps souvent rigoureux et dans des contrées où manque le nécessaire, beaucoup de ces nouveaux soldats tombent malades, et il n'y a pas, même dans les principales villes, d'hôpitaux pour les recueillir. Ce qui peut prouver combien ce pays est destructeur de ses propres troupes, c'est que, quoiqu'on ne renvoyât pas de soldats, et qu'on fît des levées peut-être plus considérables que chez les autres nations, les armées russes n'étaient pas jusqu'à ces derniers temps plus fortes que celles des autres grandes puissances. Il meurt donc, en proportion, plus de soldats qu'ailleurs avant qu'ils n'aient joint leurs drapeaux, ce qui n'a lieu qu'au bout d'un très long temps, ou dans les marches qu'on fait faire aux troupes. La plupart des soldats dont on avait ordonné la levée pendant la guerre de 1812, n'ont été rassemblés qu'à la paix. Les armées russes se sont alors trouvées si nombreuses qu'elles étaient onéreuses pour le pays. L'empereur a dérogé à l'ancien usage en en réformant une faible partie qu'il a bientôt remplacée par une levée : les forces sont restées à peu près les mêmes. On a cherché à utiliser tant de bras en les employant aux travaux des champs dans les pays où les troupes étaient cantonnées ; ces colonisations peuvent perfectionner l'agriculture, en appliquant au travail de la terre toute la sévérité de la discipline militaire ; elles peuvent ainsi donner un grand exemple ; mais il est probable qu'il ne sera pas suivi, pour les raisons déjà données et déduites du moral du peuple russe.

La discipline est à peu près la même dans les troupes que sur les terres seigneuriales ; elle ne saurait être plus sévère : les punitions corporelles y sont en usage ; et, sous ce rapport, les Russes ne sont pas en arrière de la plupart des nations de l'Europe. Nous ne fûmes pas peu surpris la première fois que nous vîmes un officier donner du poing dans la figure à un soldat qui, aussitôt, colla ses mains sur ses cuisses et tendit le cou, comme pour prouver qu'il était bien loin de se refuser à cette utile correction.

Les Russes ont un grand luxe d'équipages, mais les sous-officiers ne peuvent en jouir : il faut qu'ils aillent à pied ; un officier qui les rencontrerait, a le droit de les faire descendre et de les punir. On ne saurait montrer au peuple assez de déférence pour les rangs. Les honneurs qu'ils rendent aux grades militaires supérieurs seraient ridicules s'ils ne se rattachaient au même système : lorsqu'un général passe devant un poste, il faut que la sentinelle en avertisse assez tôt pour que tout le détachement puisse sortir avec l'officier qui le commande et présenter les armes; dans les grandes villes cette cérémonie peut se renouveler à chaque instant.

Les décorations civiles et militaires ont été instituées par les souverains pour récompenser des services, et encourager le zèle et la valeur. Le grand nombre d'ordres qu'il y a en Russie annoncerait-il plus ou moins de vertus publiques qu'ailleurs? Pour peu qu'un noble soit resté au service, il en revient chargé de croix. Il y a tel officier supérieur dont le nom est tout-à-fait inconnu, qui ne peut placer sur lui tous les signes glorieux que lui ont mérités ses exploits.

Les décorations des soldats sont à part; ils ont des médailles qui doivent leur suffire : quoiqu'ils jouent le même jeu, ils ne peuvent gagner que des jetons, c'est tout ce que vaut leur vie; et ils disent cependant, *la Russie ma mère*, en parlant de leur pays! Elle en agit bien envers eux comme la plus dure marâtre. Pour conserver les îles qui sont à l'est du

Kamtschatka, on a trouvé plus facile, l'année dernière, d'y envoyer des troupes par mer ; les longues marches qu'elles faisaient ordinairement par le nord de l'Asie, en faisait périr une grande partie. Ainsi, des soldats embarqués dans le golfe de Finlande, font le tour de l'Europe, de l'Afrique et de l'Asie, pour aller garder des îles incultes, des pays affreux qu'on pourrait faire occuper, ce semble, par les habitans de la côte orientale de Russie, qui n'en est qu'à quelques lieues, si le gouvernement était de nature à se les attacher. Toujours doit-il être difficile à un habitant de la Livonie ou de la Courlande de se pénétrer d'assez de patriotisme pour subir un pareil sort sans murmurer.

CHAPITRE III.

Terme désirable à tant de maux.

A la vue de tant de maux, on se demande quand et comment ils pourront finir. C'est un état si déplorable, si funeste à la vie du corps social, que ceux même en faveur desquels il a été établi en sont fatigués au-delà de toute expression. Ils ne voulaient que soumettre le peuple, et le peuple s'est laissé tomber dans la fange où il ne veut plus que se vautrer. Ceux qui détruisirent le ressort qui donnait à ces hommes l'attitude qu'ils devaient avoir, n'avaient pas, sans doute, calculé tous les effets de cette horrible mutilation. Comment les retirer maintenant de cet état? il n'est pas facile de donner la force morale, comme il est facile de l'ôter : *Naturá tamen infirmitatis humanæ, tardiora sunt remedia quàm mala; et ut corpora lentè augescunt citò extinguuntur, sic ingenia studiaque oppresseris faciliùs quàm revocaveris* (TACITE). Comment relever vers le ciel ces fronts si constamment attachés à la terre! comment refaire des hommes avec des êtres qui en diffèrent à tel point!

Quand je songeais, en voyant cet abandon, cet abattement général, cette pauvreté, cette apathie, cette tristesse, cet état de langueur de la nature et des hommes, quand je songeais que tant de déchéance était venue d'un mot mis à la place d'un autre, du mot *servitude*, mis à la place du mot *liberté*, et qu'il était maintenant si difficile de rectifier cette erreur, ou de réparer cette injustice! quand je songeais que le mot *liberté*, imprudemment prononcé, pourrait maintenant faire tout rentrer dans le chaos, parce que cinquante millions d'hommes n'étaient plus en état de le comprendre, je ne pouvais m'empêcher de gémir sur les maux que préparent à leur patrie ces orateurs, au moins égarés, qui semblent s'obstiner à le bannir de leur langage, comme si nous ne devions plus l'entendre. Lorsqu'il entre libre dans la carrière de la vie, l'homme a besoin qu'on ait prévu les écarts auxquels il pourrait se livrer ; malgré tous les soins et toute la sollicitude qu'on met à le tenir dans la droite voie, il s'égare ; la loi est souvent obligée de le ramener dans le sentier de la vertu qu'il semble ne suivre qu'à regret, et quelquefois de le retrancher de la société qu'il bouleverse.

Que serait-ce si, après l'avoir laissé vieillir sans faire usage de sa raison, on venait lui dire tout à coup *qu'il est libre?* il est probable qu'on le verrait alors faire un cruel apprentissage de ses forces avant de s'en servir selon les règles du bien commun ; qu'elles passeraient par de bien terribles oscillations avant de s'arrêter sur la ligne de la modération et de la justice. Il n'y a aucun doute que le mot *liberté* serait mal entendu des paysans russes, et qu'ils en feraient un cri de révolte et de vengeance ; ils croiraient d'abord qu'ils sont dispensés de travailler ; ainsi on pourrait s'attendre à la famine, et à la guerre civile soufflée d'ailleurs par le souvenir de tant de maux reçus, par cette soif de vengeance qu'on peut étouffer lorsqu'on est dans l'impuissance de la satisfaire, mais qui se ranime avec tant de fureur lorsqu'arrive le moment favorable. La Russie ne serait plus alors qu'un vaste théâtre d'horreurs; et dès qu'on aurait porté la main sur ce qui avait toujours été sacré auparavant, sur les nobles, il n'y aurait plus de frein, le crime n'aurait plus de bornes; et la peur du châtiment succédant au besoin du meurtre, on exterminerait tout pour n'avoir plus rien à craindre. Voilà ce dont personne ne doute; voilà ce dont toute la noblesse fut un moment effrayée lorsque les étendards français flottant sur les tours de Moscou, le peuple pouvait s'entendre appeler libre; il n'y eut qu'un cri. A ce peuple, devenu si redoutable, on représenta les Français comme des sacriléges, comme des monstres dont il fallait purger la terre, par tous les moyens devenus légitimes. On vit des horreurs; le champ de bataille s'étendit pour les vaincus jusqu'auprès du pole et jusqu'aux antres de la Sibérie : ces longues routes furent toutes marquées de sang et de cadavres français aux cendres desquels se mêleront, peut-être un jour, celles de ces cruels autant que timides despotes devenus l'objet d'une plus juste vengeance.

L'empereur et toute la noblesse désirent un changement. Il n'y a qu'à voir ce pays pour former le même vœu : tous voudraient qu'il fût réalisé. Mais comment s'y prendre pour l'opérer? Il faut instruire le peuple, dira-t-on, et le disposer par là à recevoir la liberté.

Il faudrait d'abord qu'il voulût être instruit; et peut-il le vouloir avant qu'il ne se sente libre? Les lumières ne pénétreront pas peu à peu comme on le croirait, tant que des causes aussi puissantes s'y opposeront. Le peuple ne fait au contraire que perdre ; il dégénère de plus en plus. On peut dire que le peuple russe est plus loin de la perfection maintenant qu'il ne l'était il y a deux cents ans. L'état a gagné, l'armée est mieux disciplinée, la noblesse a plus de formes, plus d'extérieur; mais le peuple vaut moins, et dans ce pays le reste n'est rien en comparaison de la masse du peuple. On vient de lire qu'au seizième siècle, « les paysans n'é- « taient pas serfs ; il n'y avait d'esclaves que les « captifs à la guerre, ceux qu'on achetait des « cosaques et des Tartares, et les Russes qui « s'étaient vendus.

« Les domestiques servaient, par contrat, « pour un temps convenu, etc. »

Nous avons vu ce que valent ces assertions. La justice n'était qu'un simulacre; mais c'était plus qu'il n'y a aujourd'hui. Un paysan pouvait citer un seigneur en justice, et aujourd'hui il ne peut pas même être appelé en témoignage; et cependant la nation a deux cents ans de plus, dont cent ans de succès! elle n'a fait que déchoir! le peuple est plus bas qu'il n'était alors.

Il y a dans la plupart des villes des écoles entretenues aux frais du gouvernement. Les marchands les plus riches n'y envoyent leurs enfans qu'avec répugnance, quoiqu'il ne doive rien leur en coûter; ils sont bien persuadés, lorsqu'ils les confient à ces maîtres dont ils aiment à ignorer les moyens d'existence, qu'on doit leur en avoir de l'obligation, et ils les retirent dès qu'ils ont acquis les premières notions, dès qu'ils savent écrire (57). Le seigneur chez qui je demeurais était protecteur d'une de ces écoles situées à trois lieues de chez lui; il fallait tout son zèle pour tenir contre les dégoûts qu'on lui donnait, et malgré toutes ses démarches et ses nombreux sacrifices d'amour-propre et d'argent, elle tomba; il ne put la maintenir par le fait, car le nom resta. Il y a de fort beaux noms à la plupart des établissemens de Russie; à en juger par les étiquettes on croirait le pays organisé.

Outre le défaut d'émulation du peuple, ce qui s'oppose aux progrès de l'instruction, c'est l'état précaire dans lequel on tient les personnes qui s'y livrent. Un maître subalterne qui a femme et enfans, n'a pas de quoi se loger et acheter du pain avec ses appointemens. Pauvres, ils ne fréquentent que des gens du peuple et en ont ordinairement les vices. Il leur faut cinq ou six ans de ce service pour parvenir à un grade qui les mette à l'abri du malheur d'être faits soldats. S'ils quittaient avant ce temps, ils pourraient être pris pour recrues, puisque la plupart ne sont pas nobles; ce sont des fils d'affranchis, des fils de prêtres, ou des fils de maîtres : un noble ne voudrait pas de ces places.

Pour encourager les Lettres il faudrait donc rendre plus avantageuse la carrière de l'enseignement, il faudrait donner une existence et des distinctions à ceux qui s'y livrent, il faudrait que la carrière de l'enseignement ou les lumières conduisissent aux honneurs; alors les nobles s'y lanceraient et entraîneraient le peuple, surtout si le peuple voyait qu'on lui fît justice. Au lieu que maintenant, le moindre seigneur paraîtrait ridicule s'il se livrait aux sciences : il ne le serait pas s'il devait parvenir par ce moyen, à quelque grande place.

Il semble que l'affranchissement devrait grossir la classe instruite, provoquer les talens et l'industrie.

Mais la plupart des affranchis tournent mal comme je l'ai déjà dit : il n'y en a presque pas qui accumulent, qui prospèrent. Si l'économie est ordinaire aux marchands, c'est qu'ils forment un corps, un peu bas, à la vérité ; mais ils forment un corps dans l'état.

Il est une classe d'hommes dont l'état actuel peut servir de preuve à ce que j'ai dit de l'affranchissement : ce sont les paysans de la couronne. Une grande partie, un cinquième peut-être, des terres cultivées en Russie, appartient à la couronne. Les paysans qui les travaillent n'ont d'autre maître que l'empereur ou le gouvernement. Ce sont des gens libres qui ont tout le revenu des terres qu'ils cultivent, et qui payent chaque année un léger impôt ; ce sont des fermiers auxquels le gouvernement fait des conditions avantageuses. Il semble qu'ils devraient s'enrichir.

Ils sont plus pauvres que les autres. Les autorités des villes, auxquelles ils ont affaire, sous la protection, ou pour mieux dire sous l'injuste pouvoir desquelles ils sont placés, les ruinent ; elles les font rançonner dans toutes les occasions, les dupent pour l'acquittement

de l'impôt, leur prennent tout ce qu'ils ont
en leur promettant de les exempter, ou en les
menaçant de les faire partir comme recrues.
Au lieu de devenir des hommes libres, ce sont
des paysans qui n'ont personne pour les défendre, qui n'ont pas de seigneur qui les pro-
tége, qui prenne leurs intérêts contre de ra-
paces autorités ; ce sont des hommes à la discrétion du premier personnage en titre qui
veut les vexer. Aussi reconnaît-on les villages
des paysans de la couronne, à leur air plus
misérable. Découragés comme ils le sont pour
ces raisons, et non parce que le gouvernement a le droit de les faire changer de rési-
dence, droit dont il use rarement et pour un
petit nombre, ils sont plus fainéans et plus
vicieux que les autres. Qu'on juge si le peuple
est abaissé, puisque dans des circonstances
où il semble libre, où il l'est, il ne songe même
pas à reprendre une attitude naturelle, a se
relever! tant est forte la funeste impulsion
communiquée à la pauvre espèce humaine,
par ce pernicieux état de choses!

Ainsi, tant qu'on suivra les usages qui sont
maintenant reçus, ni l'instruction, ni l'affranchissement individuel ne peuvent produire
une classe industrieuse. Il faudrait parler
d'un affranchissement général, et chercher les

moyens de l'opérer sans secousses. Sans doute de grands obstacles se présenteraient de toutes parts.

On pourrait, par exemple, déclarer libres tous les enfans qui naîtraient à l'avenir. Mais il serait à craindre que les parens ne prissent cette faveur pour eux : il en serait probablement de même si l'on voulait, pour accoutumer à ce mot, donner la liberté aux vieillards arrivés à un certain âge, ou aux hommes mariés qui auraient un certain nombre d'enfans qu'on pourrait considérer comme des liens propres à les retenir.

On parlerait de liberté, les paysans ne voudraient pas en savoir davantage ; ils ne voudraient pas entrer dans toutes ces distinctions.

Si c'était leur seigneur qui leur tînt ce nouveau langage, ils croiraient que c'est faiblesse de sa part, et ils seraient bientôt portés à en agir envers lui comme envers quelqu'un qu'on cesse de craindre, *qui timere desierint, odisse incipiunt.* (TACITE.)

Si c'était le souverain, ils penseraient que c'est malgré le seigneur, et presque contre lui, qu'on leur donne la liberté ; et pour être autrement qu'ils auraient été jusqu'alors, ils ne voudraient plus recevoir d'ordres : heureux s'ils ne prétendaient pas en donner à leur tour !

Lorsque l'empereur Paul monta sur le trône, par une singularité peu remarquable parmi tant d'autres, si elle n'avait produit des effets inattendus, il voulut que les paysans lui prêtassent serment de fidélité. Dès lors beaucoup de ceux-ci, se croyant sortis de leur classe, refusèrent d'obéir à leurs maîtres, disant qu'ils ne dépendaient plus que de l'empereur; ils commencèrent naturellement à ne vouloir plus rien faire, à s'attrouper; on fut obligé d'envoyer des troupes; ils opposaient à l'artillerie l'image de l'empereur, croyant qu'on n'oserait pas tirer dessus.

Le désir de ne rien faire ou d'être comme leurs maîtres (car c'est ce qu'ils entendent par être libres), cette douce idée qui leur sourit tant leur fera probablement toujours prendre ainsi tout ce qu'on leur dira de la liberté; ils le tourneront toujours de la manière qui leur conviendra le mieux, et il n'y en a qu'une pour eux; c'est celle dont je viens de parler. On peut compter sur cette malheureuse interprétation; on croirait peut-être qu'il serait possible de les rendre libres sans le leur dire, en les traitant avec douceur, sans leur faire sentir leur dépendance, et de les conduire ainsi insensiblement vers un meilleur état où ils arriveraient sans s'en douter; cette

marche paraît simple, facile, et devoir produire le résultat dont nous parlons.

Ce serait en vain qu'on la tenterait, on n'y
réussirait pas; on serait bientôt obligé de revenir au moyen ordinaire.

L'esclavage ne peut pas exister à demi. Puisque l'esclave n'obéit qu'à la force, vous vous
tromperiez si vous croyiez que quelque sentiment viendra l'engager à remplir ses devoirs
et rendre la rigueur inutile; à mesure que vous
vous relâcherez de votre sévérité, il deviendra
toujours plus paresseux (cette règle souffre
peu d'exceptions), et si vous avez la patience
de le suivre, il vous conduira loin dans cette
expérience; il en viendra à ne rien faire, puis
à faire du mal; vous le trouverez bientôt in-
solent, il n'agira que pour satisfaire à ses
vices, qui sont les seules volontés qu'il éprouve, et deviendra criminel pour avoir été traité
avec douceur; vous serez alors obligé d'employer beaucoup plus de force pour le répri-
mer qu'il n'en aurait fallu pour le maintenir,
et vous ne referez pas de lui ce qu'il était auparavant; il vaudra toujours moins. « Voilà
« les esclaves, » s'écrie Homère, en parlant de
la négligence des femmes attachées au palais
d'Ulysse, « dès que leurs maîtres sont absens
« ou faibles et sans autorité, ils négligent leurs

« devoirs; le jour de l'esclavage (ainsi l'a pro-
« mis Jupiter, dont le tonnerre roule dans
« l'étendue des cieux), le jour de l'esclavage
« dépouille un mortel de la moitié de sa ver-
« tu. » (*Odyssée*, chant XVII.)

On a dans beaucoup d'occasions la preuve
de ce qui meut ou anime le serf : si on lui fait
grâce lorsqu'il doit être puni, il en rit ; il
trouve cette indulgence de la part de son maître une faiblesse qui le porte à le mépriser;
si on le fait punir lorsqu'il le mérite, on fait
preuve de discernement à ses yeux, on s'en
fait estimer davantage : c'est presque un moyen
de gagner son amitié. On peut dire avec Tacite,
infima vincula charitatis; mais si c'est le seul,
encore faut-il l'employer. On ne doit pas s'attendre, ai-je dit, à obtenir des esclaves, par des
moyens donnés, ce qu'on obtiendrait du reste
des hommes; les sentimens ne peuvent se développer dans leur âme que lorsqu'on aura
remplacé l'idée de servitude qui forme la base
de leur moral et détruit tout, par celle de liberté qui fait tout fructifier.

Le temps, ce remède à tant de maux, est
peut-être moins puissant dans cette circon-
stance que dans beaucoup d'autres; le temps
peut dans les choses où il ne faut plus que du
temps; mais dans celles où il faudrait d'autres

moyens, le temps ne peut souvent rien, ou ne fait même qu'ajouter au mal : que de maux que le temps ne fait qu'augmenter! que de conséquences funestes découlent avec le temps de mauvais principes! « Dans un état de choses vicieux, a dit un écrivain moderne, le lendemain est toujours pire que la veille : » cette manière de parler d'*un peuple mûr pour la civilisation*, n'est nullement applicable à celui dont il s'agit. La situation du midi de l'Europe et ses fréquentes relations avec les autres parties de la terre, lui rendaient l'exercice de la justice trop indispensable pour qu'il pût s'en défendre long-temps. Il était trop accessible aux lumières pour ne pas s'en laisser pénétrer, en supposant qu'elles ne dussent pas naître dans son sein. Ainsi, le temps pouvait amener la civilisation du midi de l'Europe, parce que le midi de l'Europe était placé convenablement pour recevoir ce bienfait. Il en est autrement du Nord; cette partie de la terre, bornée d'un côté par des mers inaccessibles, ne pouvant servir de passage pour aller dans des contrées plus heureuses, réduite aux relations que nécessitent ses besoins peu nombreux, peut rester long-temps isolée. Les hommes étant rares dans son intérieur, et n'ayant entre eux que peu de relations, les lumières ne pourraient s'y développer que difficilement; et les formes d'un gouvernement destructeur de l'industrie et du commerce, les étouffent comme celles qui viennent du dehors. Ainsi, le despotisme élevant un rempart autour de l'ignorance, la fortifie, la perpétue; et le peuple, ne connaissant rien de mieux, reste le même. Le paysan russe qui parcourt quelquefois une si grande étendue de pays sans voir de différence, croit que tout est de même partout, que c'est l'état naturel, que rien ne saurait être autrement; il vivrait beaucoup plus long-temps qu'il n'acquerrait pas d'autres idées; au lieu d'en acquérir, il en perdrait s'il en avait à perdre. Le temps ne peut dissiper l'ignorance défendue par des causes aussi puissantes et aussi nombreuses. On ne pourrait en attendre cet effet que dans le cas où il changerait les idées en amenant la liberté, et nous venons de voir que cela est impossible. Ainsi, il s'établit un cercle vicieux dont on ne peut sortir; l'esclavage produit l'ignorance, et l'ignorance à son tour favorise et entretient l'esclavage. Il faudrait qu'un heureux événement vînt rompre ce mouvement funeste, et imprimer une nouvelle impulsion ou commencer un nouvel ordre de choses; ce fut près d'arriver en 1812.

On croit assez généralement que les armées

russes qui ont parcouru les pays étrangers,
peuvent, en rentrant dans leur patrie, y rapporter le germe de la liberté dont elles ont vu
ailleurs les heureux résultats.

Mais, outre que les soldats sont peu propres
à l'observation, il n'est pas sûr que le sort de
nos paysans les ait tentés; ils ont vu qu'ils
avaient beaucoup plus de peine, qu'ils travaillaient beaucoup plus qu'on ne fait en Russie,
et cela seul était bien capable d'empêcher les
Russes de voir les avantages de ce genre de vie.
Ils ont dû trouver que celle des paysans de la
France est dure sous bien des rapports. Ils habitent des maisons qui, pour la plupart, sont très
froides tout l'hiver. « On cite ces gens comme
« très heureux, disait un soldat russe à son
« officier, et ils n'ont pas seulement une pe-
« lisse. » D'ailleurs un certain amour-propre national, toujours exalté chez les troupes qui ont
des succès, les porte à mépriser tout ce qu'elles
voyent d'extraordinaire dans les mœurs et les
usages des vaincus. La liberté qui ne garantit
pas d'une invasion ou du joug de l'étranger, a
pu moins valoir à leurs yeux que le servage
qui en préserve. Il en coûterait quelquefois à
l'amour-propre de parler avec éloge, de mettre
au-dessus de soi des peuples qu'on aime à dire
avoir soumis. Ainsi, les derniers événemens

politiques ont même pu produire un effet contraire à celui qu'on serait porté à leur attribuer : les honneurs que ces soldats ont vu rendre à leurs officiers ou à leurs seigneurs partout où ils sont passés, ont pu fortifier le respect qu'ils avaient pour eux, et les empêcher davantage de songer à l'indépendance.

Malgré toutes les fortes raisons qui empêchent de regarder les soldats comme des apôtres de la liberté, s'ils en parlaient aux paysans, dans la classe desquels ils ne rentrent pas, comme je l'ai déjà dit, il est plus que probable qu'il n'en résulterait aucun inconvénient : il y a trop loin de l'état où ils sont à des projets d'une certaine étendue, et surtout à l'exécution.

Ainsi pour produire un changement utile dans ce pays, il ne faut compter ni sur un affranchissement général, ni sur un affranchissement partiel, ni sur l'instruction qu'on ne peut donner au peuple malgré lui, et qu'il ne peut désirer tant qu'elle n'offrira pas plus d'avantage.

Il n'y aurait, pour préparer à la liberté, à ce grand moyen auquel il faudra bien recourir tôt ou tard, il n'y aurait, dis-je, qu'à améliorer l'existence des personnes qui se livrent à l'enseignement, et surtout qu'à donner plus de constance aux places de l'administration civile. Il faudrait leur rendre la considération et l'éclat qu'elles n'auraient jamais dû perdre ; pour y parvenir, nous avons vu qu'il serait indispensable d'augmenter les honoraires de ceux qui les remplissent, de leur assurer une existence afin qu'ils ne se trouvassent pas toujours placés entre la misère et le déshonneur.

« Il faudrait mettre des lois en vigueur, des « lois analogues aux circonstances, puisqu'on ne « pourrait en avoir d'autres (SOLON); » mais les faire respecter. Former des juges, et non prendre pour tels des hommes qui, de leur vie, n'ont songé à l'administration de la justice, pour les faire au bout d'un temps très court remplacer par d'autres aussi peu capables ; établir des tribunaux qui eussent une force réelle et non une vaine apparence ; les élever au-dessus de toute considération personnelle ; les rendre assez forts pour qu'ils pussent être justes, indépendans, impartiaux ; les multiplier comme la plus grande ressource contre ce débordement de crimes auquel on doit s'attendre avant de pouvoir rien améliorer ; il faudrait accoutumer le peuple à les voir agir avec sévérité, l'accoutumer à les respecter, le faire à cette idée de justice, mais de justice aussi active que sévère à laquelle le crime ne peut échapper; en un mot donner de la consistance aux villes, leur faire au moins balancer l'autorité que les seigneurs ont prise dans les campagnes.

Ce commencement d'organisation ne pourrait s'opérer qu'en mettant de plus forts impôts qui devraient peser principalement sur les riches qui, là plus qu'ailleurs, ont du superflu. Les impôts ne seraient pas un des moindres moyens d'attaquer leur indomptable puissance. On pourrait parler d'améliorer le sort des prêtres, de les rendre indépendans des seigneurs en les mettant à la solde du gouvernement : on les verrait alors acquérir plus d'instruction et ils pourraient la répandre. Mais les révolutions deviennent toujours si terribles lorsque le clergé y prend part, qu'on doit se féliciter de voir celui de Russie hors d'état d'y figurer, et soigneusement tenu dans cette impuissance.

Les spectacles dans les villes de gouvernement seraient un moyen de cultiver l'esprit, de polir, d'adoucir les mœurs; et, après avoir pris toutes les précautions que dicte la prudence, après avoir établi ces digues nécessaires, on tâcherait de modérer, dès sa source, le torrent redoutable qui menace de tout renverser.

Le souverain actuel a pour lui l'enthousiasme et la reconnaissance de la nation; il voit ce qu'il y a à faire pour son bonheur. Avec une si belle âme, il ne peut que le désirer ardemment; il semble s'essayer sur la Pologne qu'il organise sur le pied des autres états de l'Europe. Il est sûr d'y réussir, sans pouvoir en tirer aucune conséquence pour son pays. Le peuple polonais est si accoutumé à avoir le dessous dans toute espèce de changement, qu'il se plierait à tout, quand même ce ne serait pas pour son avantage; et, d'ailleurs, il est facile de couvrir de troupes la Pologne actuelle.

Il en est autrement de la Russie; l'empereur ne pourrait modifier le peuple russe par force; il faudra qu'il le prenne par ruse. On le voit, depuis long-temps, ménager le levier de la religion qu'il fortifie autant qu'il est possible, pour s'en servir sans doute au besoin. Je ne sais s'il serait bien puissant pour faire mouvoir ou pour retenir le peuple, on n'en a pas beaucoup de garanties; il est tranquille maintenant, et il paraît, sinon s'occuper d'idées religieuses, du moins porté à la religion. Mais son repos est un repos d'inertie; c'est son poids qui l'attache à la terre, la force n'est plus employée à le maintenir; sa dévotion est plutôt du désœuvrement ou un instinct machinal

qu'un penchant éclairé, qu'une prédilection
raisonnée : je l'ai prouvé par les contradictions
qu'on trouve dans sa conduite sous le rapport
de l'observance des préceptes religïeux. Il n'est
pas probable que la religion influe sur ses dé-
terminations habituelles : les paysans russes,
si l'on peut s'exprimer ainsi, sont passive-
ment dévots, et à peu près tous au même degré.

Ainsi, des raisons divines ou spirituelles pourraient bien être trop loin d'eux, et ne pas leur
paraître urgentes. Il pourrait bien se faire qu'ils
prissent leur temps pour y obéir, et qu'ils
continuassent à être faibles envers eux-mêmes,
à se laisser aller à leur doux penchant à ne
pas travailler, et par conséquent à vivre aux
dépens de qui se trouverait à leur portée.
La religion est bien écoutée lorsque, dans des
temps de fermentation populaire, elle favorise nos passions ou notre enthousiasme ; mais
lorsqu'elle leur est directement contraire, on
n'en tient souvent aucun compte.

Pour y obéir, les paysans russes croient certainement plus à l'autorité de leur souverain
qu'à celle de Dieu. Je rapproche ces deux puissances, parce qu'à leurs yeux elles ont beaucoup
de rapport l'une avec l'autre. Le souverain, et
surtout le souverain actuel, peut obtenir beaucoup du peuple russe. Il est bien pour lui au-

tocrate dans toute la force et toute l'étendue du terme. Mais pour en obtenir quelque détermination extraordinaire, il serait peut-être nécessaire que les ordres du souverain fussent liés à ceux de Dieu d'une manière visible pour eux, et les formules où figure le nom de la Divinité, sont déjà bien usées. Une tentative inusitée dans ce genre pourrait bien échouer et tourner contre le crédit de ceux qui l'emploiraient, surtout si l'on exigeait du peuple plus que de la croyance, si on lui demandait des actions. Vouloir obtenir de lui une conduite spontanée, et des actions ou des travaux réglés par la raison et non par l'autorité qui les a dirigés jusqu'à présent, c'est contrarier le fond de son être qui est le défaut de réflexion et d'activité, c'est exiger de lui qu'il change lui-même son existence en quelque chose qu'il ne connaît pas ; je ne sais pas si cela est possible : dire aux paysans russes de s'appliquer au travail pour jouir de la liberté, de respecter leurs maîtres en même temps qu'on les délivre de leur autorité, d'être laborieux pour se suffire à eux-mêmes, parce qu'ils vont devenir juges et véritables auteurs de leurs actions ; de respecter les propriétés et les personnes en même temps qu'on leur donne le droit de faire comme ils voudront : ce sont des idées que Dieu seul pourrait faire entrer en même temps dans leur tête. Il ne dépend pas d'eux de croire que le froid et le chaud puissent exister ensemble.

Il faudrait donc qu'ils connussent d'avance une autre autorité que celle de leur seigneur, afin que lorsqu'on les délivrera de celle-ci, ils fussent encore contenus par l'aspect imposant de celle-là. Il faudrait substituer auprès d'eux l'autorité de la loi ou de la justice qui a toujours de l'ascendant sur les hommes, et qu'ils aiment toujours parce qu'ils en comprennent l'utilité, à l'autorité arbitraire, à laquelle ils se soumettent; mais qui, au lieu de les satisfaire, les irrite sans cesse et leur fait éprouver ce malaise de toute la vie qui annonce qu'un tel pouvoir ne saurait être dans la nature puisqu'il l'affecte si désagréablement, comme l'a dit un médecin philosophe (le docteur Roussel); c'est dans la connaissance de l'homme qu'il faut chercher la base la plus solide de la législation. Celui qui a le mieux apprécié tous les penchans du cœur humain, qui sait le mieux quels sont les intérêts qu'on met toujours avant les autres, et auxquels on doit être le plus constamment attaché; celui-là pourra le mieux dire quels sont les moyens dont on doit user pour conduire l'espèce humaine; car,

quelque vicieuse qu'elle soit, il faut dire, à son
éloge, que le langage de la conscience est toujours celui qu'on entend le mieux. Les lois qui
reposent sur les maximes de la loi naturelle
se soutiennent d'elles-mêmes, tandis que pour
obtenir l'exécution de celles qui sont fondées
sur des principes étrangers au bien général,
il faudra toujours le déploiement, de la force
ou le secours de l'injustice et de la violence
qui les ont produites. Ce qui annoncera des
améliorations en Russie, sera donc la protection d'un plus grand nombre d'intérêts; toutes
les mesures générales qui ne proviendront pas
de cette source ne seront que des calamités de
plus : puissent-elles n'être que temporaires!
On lisait dans le *Journal de Paris*, du 4 décembre 1818, l'article suivant bien digne de
fixer l'attention :

« Allemagne. Francfort 28 novembre.

« La gazette de Berlin rapporte que, d'après
« le nouveau Code criminel de Russie, si quel-
« qu'un est tué dans une émeute populaire,
« et si l'on ne peut arrêter le meurtrier, on
« décimera les personnes qui composeraient
« le rassemblement. S'il était au-dessous de
« vingt personnes, on en punirait corporelle-
« ment une sur cinq; et s'il était au-dessus de
« ce nombre, une sur dix. »

Cette espèce de sénatus-consulte à la Sylla a dû étonner l'Europe au dix-neuvième siècle : allons-nous voir paraître quelque Spartacus ? mais non, il ne s'en trouvera pas parmi ces opprimés. Le mouvement des esclaves de Rome supposa un sentiment de ses droits et de ses forces que les paysans russes sont loin d'avoir.

Puisse tant de rigueur, dont le chef de l'état est le premier à gémir (il faut rendre cet hommage à sa grandeur d'âme), puisse tant de rigueur devenir le motif de changer une aussi déplorable situation ! puisse l'autorité n'avoir plus besoin de sanctionner des mesures aussi odieuses ! puisse l'illustre chef de tant de peuples n'apposer qu'à des actes de justice ce nom que les hommes aimeront toujours à prononcer dans leurs jours de bonheur, et qui, comme celui de Titus, ne doit faire couler que des larmes d'amour et de reconnaissance ! (58)

CHAPITRE IV.

Origine de l'esclavage.

« L'ESCLAVAGE est aussi ancien que la guerre, « et la guerre est aussi ancienne que la nature « humaine, » a dit Voltaire. L'esclavage vient de cette soif naturelle des grandeurs qui fait que toutes les fois qu'un homme peut être supérieur à un autre, il ne veut pas demeurer son égal : tous apportent dans la vie la même prétention, la force en décide. Le vainqueur goûte le bonheur d'être au-dessus de ses semblables ; et ne pouvant y renoncer, il prend ses avantages pour le perpétuer, pour demeurer leur maître.

Vaincu, l'homme perd bientôt, avec la confiance qu'il avait en lui-même, les moyens de triompher, et en devient toujours moins capable. Ne pouvant monter au premier rang, il demeure au second, d'abord par nécessité, et bientôt par goût, trouvant plus facile d'obéir que de vaincre. Ainsi se glisse dans son âme la douceur de la médiocrité, de la soumission ; l'homme aime naturellement le repos ; l'agitation n'est pour lui qu'un moyen d'y parvenir, et s'il ne peut le trouver dans l'autorité, il le cherche dans l'obéissance. *Subit quippe etiam inertiæ ipsius dulcedo.* (TACITE.)

Dans cet état de relâchement, il ne tarde pas à oublier et à méconnaître ses droits. Lorsque la paresse et l'ignorance l'ont circonvenu ou s'en sont ainsi emparées, on peut lui délier les mains, il ne bougera plus.

L'esclave qui a vécu autour de ses maîtres,

ne songeant qu'à se dispenser du travail et à se livrer à ses vices, ne veut souvent plus être libre. Je l'ai vu tomber aux pieds de l'homme généreux qui voulait lui donner la liberté, et le conjurer de le laisser dans sa condition primitive : tant est forte l'aversion qu'ils ont pour le travail et la réflexion. *Et invisa primò desidia, postremò amatur.* (TACITE.)

« A la honte de l'humanité, dit Montesquieu, « l'esclavage a été reçu par presque tous les « peuples du monde. » C'est que, comme nous venons de le voir, l'esclavage est le produit de deux causes fortement inhérentes au cœur de l'homme, le désir de commander et le besoin du repos, qu'il faut obtenir à quelque prix que ce soit.

Aussi loin que remonte l'histoire, elle montre l'esclavage établi parmi les hommes. Un petit nombre, devenu maître des autres, les fait contribuer à ses besoins, à ses désirs, en fait l'instrument aveugle de ses volontés, de ses caprices.

Le temps amène la civilisation, la justice naît, les empires se forment, l'esclavage reste.

Les empires sont renversés, les institutions des hommes sont détruites, les traces des peuples disparaissent sous leurs conquérans, l'esclavage reste et se perpétue. Athènes et Rome, au faîte des grandeurs, sont inondées d'esclaves; et aujourd'hui la terre en est couverte encore. Est-ce donc là la vocation naturelle de l'homme? l'esclavage est-il sa destinée?

Montesquieu attribue beaucoup de part au climat dans l'établissement de l'esclavage. Peut-être pourrait-on énoncer préalablement, comme une vérité plus générale, que tous les hommes sont susceptibles de s'y plier, et reconnaître ensuite qu'ils opposent plus ou moins de résistance à la force qui veut les soumettre selon le climat, le pays, les besoins ou les habitudes. L'esclavage existe maintenant sous toutes les latitudes, dans des climats opposés, dans les pays les plus différens. Il peut naître partout où il y a des hommes; il ne s'agit que d'en intéresser un certain nombre à l'établir, à plus forte raison peut-il être imposé à tous les peuples.

Il a long-temps régné sur notre belle patrie; ces lieux attrayans où les vertus naissent sans efforts, ont long-temps vu l'homme courbé sous le joug du despotisme, et dégradé par tous les vices inséparables de tant de faiblesse. La patrie et l'honneur, qui font maintenant la vie des Français, n'existaient pas pour eux: ce caractère généreux, cette grandeur d'âme naturelle qui, comme le vrai mérite, ne bles-

sent, n'importunent personne, étaient des at-
tributs étrangers à leur naturel, car l'esclave a
toujours été et sera toujours le même partout.

A ces réflexions, qui ne se sent emporté par
une force irrésistible sous l'égide de nos lois!
qui ne se rattache à ce vieux tronc de justice
aussi ancien que le monde, que les orages des
passions ont si long-temps mutilé, mais qui
se ranime depuis quelques siècles avec tant de
vigueur? qui ne se rallie autour d'un gouvernement qui, faisant le bien avec le pouvoir
que lui donne le concours de toutes les volontés, offre réalisés les plus beaux préceptes de
la morale, et donne des exemples qui paraî-
traient au-dessus de l'humanité s'ils n'étaient
égalés chaque jour!

Pardonnons aux détracteurs de la liberté,
ils ne connaissent pas l'esclavage; non, ils n'ont
jamais vu leur semblable dans cet état d'op-
probre et d'abjection, ou ils ne l'ont pas considéré comme tel, et alors, leur opinion don-
nerait la mesure de leur conscience. Qu'ils
sachent que l'honnête homme, ennemi du
désordre et de la licence, ne peut rien haïr
comme le scandaleux spectacle qu'offrent l'injustice et la violence érigées en principes; que
l'assentiment donné à ces turpitudes humaines,
et l'espèce de considération dont on veut les

entourer, ne font qu'ajouter à ce qu'elles ont d'odieux et de révoltant; et que, lorsque la raison et le vice se trouvent en présence, ce ne doit point être à celle-là de baisser le front, ou de se cacher.

Espérons que la force ne voudra pas toujours s'isoler de la raison ; qu'une forme de gouvernement répressive des vices et protectrice des vertus, s'étendra à d'autres peuples qu'à ceux qui ont le bonheur d'en jouir maintenant. Les obstacles seront grands; mais la force de l'exemple n'existerait-elle donc que pour le mal! Les hommes qui perfectionnent tout, ne voudraient-ils donc pas se perfectionner eux-mêmes! L'amour-propre fournira les difficultés; le pouvoir absolu le flatte toujours, et la raison l'humilie. Mais s'il est plus facile de *vouloir* que de *juger*, n'est-il pas plus glorieux de conduire les hommes par la raison et la justice, que par le mensonge et la terreur?

CHAPITRE V.

Opinion avantageuse que les nobles russes ont d'eux-mêmes, surtout lorsqu'ils se comparent aux étrangers.

Qu'EST-CE donc que cet air des régions supérieures de la société? Quel est ce charme qu'on y respire et qui agite si agréablement tous les sens? Quelle douce ivresse il procure! quel plaisir de vivre dans cette atmosphère! quelle douleur d'en être privé! Ah! ce n'est pas seulement au physique qu'on peut dire que l'air est l'aliment de la vie. Le courtisan disgracié, le ministre déchu de la puissance, le favori tombé dans le discrédit, nous prouvent trop souvent que, lorsqu'on a plané dans l'espace éthéré des grandeurs, il est bien difficile de vivre dans une région inférieure. Il n'était qu'un point d'où la vie pouvait leur paraître agréable, et ils en ont été renversés! le reste de l'univers n'existe pas pour eux, ou plutôt il ne sert, par son insuffisance, qu'à leur faire sentir davantage la perte qu'ils viennent de faire. Qu'ils sont heureux ceux qui, se voyant élevés au-dessus des autres, ne sont pas inquiétés par la crainte de perdre un genre de vie aussi délicieux! qui, se livrant en sécurité au repos, aux plaisirs, se retrouvent toujours au-dessus du reste du monde qui les respecte et les honore! Tel est le sentiment qui remplit l'existence des classes privilégiées.

Les priviléges et les honneurs, mettant les hommes en harmonie entre eux en leur donnant les mêmes idées, les unissent encore en leur donnant les mêmes désirs. Les nobles russes qui sentent qu'ils sont le pouvoir dans l'état, et que tous ceux qui en ont le tiennent d'eux, prétendent facilement qu'il ne saurait en exister de supérieur à celui qu'ils ont, ne pouvant avoir donné d'autorité contre eux-mêmes ; ils ne regardent les hauts fonctionnaires publics que comme les premiers entre des égaux, ne les ayant faits grands que par rapport au peuple, mais non relativement à eux. Dans les relations d'un gouverneur à un noble, d'une famille même de la classe moyenne, le gouverneur parle et agit comme l'homme de la noblesse, et non comme l'homme du gouvernement. Leurs attributions ne sont pas assez grandes pour leur faire naître l'idée de s'isoler de ce corps puissant, dont l'agrément leur est si indispensablement nécessaire pour continuer d'être ce qu'ils sont. Quelques égaux et le reste inférieur, telle est à peu près la devise de ces dispensateurs du pouvoir, qui savent cependant devenir souples et bas à leur tour lorsqu'ils voyent une trop grande distance ; un rang élevé dans la société étant tout à leurs yeux, et devant toujours obtenir l'hommage des hommes.

Libre de toute occupation, leur pensée se porte souvent vers les pays étrangers, d'où il leur arrive des nouvelles diverses, des bruits de guerre, ou des signes de vie qui viennent mourir sur cette terre immense où tout languit, excepté l'orgueil. Accoutumés à dominer, ils ont toujours eu le désir d'être les premiers hors de leur patrie comme chez eux. Combien leur amour-propre se sentait comprimé lorsqu'ils voyaient les guerres que nous avons eues à soutenir contre eux depuis la révolution, tourner à leur désavantage! leurs troupes battues obligées de rentrer sur leur territoire avec des idées si différentes de celles qui les en avaient fait sortir! La noblesse qui les commande se jugeait (et avec elle le reste de la nation) sur ces événemens, et en tirait la conséquence qu'ils valaient moins que nous. Nous grandissions à leurs yeux; et qui fut jamais plus haut, plus colossal, sous ce rapport, que Napoléon! ils l'admiraient chaque jour davantage, c'était pour eux une espèce de demi-dieu. Jusqu'au mal qu'ils en disaient, tout était à son éloge : il remplissait la Russie, peut-être plus que son propre souverain.

N'ayant pu vaincre les Français, ils cherchaient à leur ressembler, comme pour devenir forts à leur exemple : les manières françaises s'enracinaient à chaque victoire, à chaque succès, à chaque événement. Ils lisaient avec admiration la description de nos fêtes triomphales ; on se réglait sur les journaux de Paris ; on en faisait venir les moindres objets de luxe. Le spectacle français était le plus grand plaisir ; nos acteurs faisaient à Pétersbourg les délices de la société. Un Français était un homme qui devait avoir quelque mérite ; du moins voulait-on le voir pour en juger ; et lorsqu'on ne lui en trouvait pas, on ne continuait pas moins à lui faire accueil, on aimait à se comparer à lui ; c'était le torrent, il fallait le suivre. Ainsi, les personnes qui disaient à Napoléon que ce pays était plein de sa gloire, que toutes les têtes nobles en étaient exaltées, disaient la vérité. Elles se trompaient ou flattaient sa chimère, si elles lui conseillaient d'y entrer les armes à la main : même sans le climat, l'amour-propre des nobles lui eût offert une résistance qu'il n'avait pas trouvée ailleurs ; il n'aurait pu réussir qu'en tournant le peuple contre eux, et ce n'était pas un projet digne du chef d'une nation civilisée, en supposant qu'il fût praticable. Il était donc imprudent de ne pas s'en tenir à l'ascendant qu'il avait acquis sur la nation russe ; il l'avait, pour ainsi dire, vaincue par ses exploits ; il n'avait qu'à la livrer à elle-même ; chaque jour elle l'eût vu plus grand, et se fût trouvée plus petite : par le fait il en était déjà maître. Le gouvernement de Russie faisait assez ses volontés : le système continental était en vigueur dans tous les ports russes. L'empereur vint jusqu'à Erfurt s'entretenir avec celui qui avait dicté la paix à Tilsitt. Avec les ménagemens dus à l'amour-propre, Napoléon pouvait, du palais des Tuileries, sinon gouverner, du moins influencer la Russie selon ses désirs.

On conçoit combien les événemens ont dû changer ces dispositions flatteuses pour nous : la révolution politique a été grande ; le changement qui s'est fait dans le moral des Russes plus grand que tous les autres. Ils ont transporté sur eux-mêmes toute l'admiration qu'ils nous avaient accordée, et y ont infiniment ajouté, puisqu'ils nous ont vaincus, disent-ils, lorsque nous avions avec nous toute l'Europe ; qu'ils nous ont réduits à nos anciennes limites, et qu'ils ont étendu les leurs. Désormais incomparablement supérieurs à toutes les nations européennes, que la curiosité leur fait visiter comme des pays conquis, ils s'en regardent comme les arbitres ou comme les maîtres, et croient faire preuve de modération en consentant à demeurer sur leur territoire. Leur patrie est à l'abri de toute atteinte, les derniers événemens l'ont suffisamment prouvé : dominer sur l'Europe et s'emparer de la

Turquie, leur paraît aussi facile que naturel.

Telles sont les idées avantageuses qu'ils ont d'eux-mêmes lorsqu'ils se comparent aux étrangers. Les Prussiens sont un peuple qu'ils estiment, mais qu'ils ne peuvent craindre; il ne saurait les arrêter. Les Autrichiens sont pour eux des gens ridicules et de nulle valeur : une guerre contre l'Autriche leur paraîtrait un jeu. Quant à nous, ils ne nous comptent plus; ils ont l'air de ne vouloir plus nous faire l'honneur de nous battre depuis que les Anglais l'ont fait à Waterloo. Cette victoire leur a singulièrement déplu sous ce rapport, qu'elle a diminué le mérite qu'ils avaient eu à nous soumettre.

D'autres déjà l'ont fait, *d'autres* peuvent le faire. Les Anglais sont des marchands qui n'apprécient pas assez l'habit d'uniforme. Quant aux Turcs, on ne sait comment on les a laissé vivre en Europe jusqu'à présent; mais ils ont pour eux la peste : il n'y a pas de doute que leur conservation n'ait tenu à cette cause.

Aux Russes seuls la vraie gloire, la haute noblesse, la véritable grandeur.

Ces idées ne sont pas à dédaigner chez des hommes qui, dans la guerre, ne vont maintenant risquer que leurs personnes, comme je l'ai déjà dit; qui sont travaillés du désir de la

domination et des aventures guerrières, désir
que l'oisiveté laisse développer dans des têtes
éprises de leur propre gloire, et remplies de
souvenirs qui les reportent sans cesse aux pays
étrangers. Ces idées deviennent dignes d'attention chez des hommes puissans qui commandent à un peuple passif, endurci par le climat,
accoutumé aux privations, qui ne sait pas réfléchir lorsque ses maîtres ordonnent, et qui
n'est susceptible d'éprouver aucun regret en
quelque lieu qu'on le conduise. La Russie entière peut être considérée par les étrangers
comme une armée; elle est en effet composée
d'hommes destinés à être officiers, et d'autres
destinés à être soldats : il ne manque aux uns
et aux autres que l'habit militaire. Ce sont des
espèces d'Athéniens qui commandent à des
Spartiates pour la sévérité de la vie. L'armée
effective tire une grande force de cette subor-
dination antérieure.

L'Europe n'a rien à attendre de ce peuple,
elle a tout à en redouter. Puisse-t-il employer
ses forces au grand œuvre de son organisation
intérieure ! Le monde respirera pendant cette
utile occupation qui le fixera peut-être à la
terre natale, de manière à ce qu'il ne tende
plus à en sortir, quoique la rigueur du climat
semble devoir toujours le porter à la quitter.

Laissons des nations aussi insouciantes de leur gloire que peu jalouses de leur indépendance se placer sous sa dangereuse protection. Elles apprendront (peut-être trop tard!) que les peuples comme les hommes sont sans pitié dans leur enfance, et que leur laisser prendre ou leur donner alors trop de pouvoir, c'est préparer des malheurs inouïs à soi-même et à bien d'autres. Elles apprécieront un jour l'aveuglement qui les porte à s'en reposer sur la générosité d'une puissance encore barbare qu'on s'accoutume à regarder, qui se constitue comme l'arbitre des destinées de l'Europe, et qui, pour en devenir l'effroi, n'a besoin que de changer de chef.

FIN DES SOUVENIRS DU NORD.

NOTES.

———

(1) On disait que l'idée de couper la retraite au général Doctoroff et au prince Bagration avait été bien conçue, et que si on n'avait pas réussi, c'était la faute du roi de Westphalie, qui, ayant passé le Niémen à Grodno, n'avait pas marché autant qu'il aurait dû le faire. Les troupes françaises s'étaient portées à marches forcées à l'endroit où elles devaient se réunir à d'autres, et y étaient arrivées assez tôt, mais elles ne furent pas en nombre suffisant pour arrêter l'ennemi. On dit que cette faute fut cause du prompt retour du roi de Westphalie dans ses états.

(2) Les Russes prétendent n'avoir pas perdu cette bataille ; ils disent qu'ils ont gardé leurs positions, qu'ils y ont couché. Les redoutes étaient sans contredit le champ de bataille ; nos troupes s'en étaient emparées ; tous les points d'où l'on voyait tirer le matin étaient le soir occupés par elles. Il est vrai qu'ils avaient des milices embusquées qui ne bougèrent pas ; ainsi, ils peuvent dire qu'une partie de leur armée a gardé ses positions ; mais ce n'était pas là que s'était passée l'action. Si jamais victoire a fait honneur aux armes françaises, il faut convenir que c'est celle-ci. Quand on attaque de front de pareilles positions, et qu'on les enlève sans perdre le tiers du monde qu'on fait perdre à l'ennemi, il faut connaître l'art militaire. Au temps où nous sommes, il existe malheureusement un *Art de la guerre* perfectionné.

On dira peut-être que notre armée était plus forte que celle des Russes. L'armée française était de cent vingt à cent trente mille hommes ; les Russes n'en avaient guère moins, s'ils n'en avaient pas autant, et ils eurent toutes leurs troupes engagées, tandis que notre garde impériale fut toujours en réserve ; on n'employa qu'une partie de son artillerie ; mais il faut dire que l'artillerie française était évidemment supérieure à celle de l'ennemi.

(3) Des prisonniers français et des officiers russes m'ont dit que lorsque l'armée russe quitta Moscou, tout était dans la plus grande confusion ; on ne savait ni à qui obéir, ni de quel côté se diriger ; beaucoup de monde quittait la ville en même temps, les routes étaient encombrées ; les soldats démoralisés voyaient au pouvoir des Français une ville qu'ils croyaient ne devoir jamais être prise, et qu'on abandonnait intacte ; ils étaient bien étonnés eux-mêmes qu'on leur donnât le temps d'opérer ainsi leur retraite.

(4) « Si l'empereur avait voulu, disait Murat, après « la prise de Smolensk, j'aurais poursuivi les Russes l'épée « dans les reins jusqu'à Moscou. » — « C'est dommage, « lui répondit le général Nansouty, que les chevaux « n'ayent pas d'émulation. » En effet, notre cavalerie n'était guère plus en état de poursuivre ; elle fit des prodiges à Mojaïsk ; mais les militaires savent que les chevaux se redressent au bruit du canon, qu'*il n'y a pas de rosse un jour de bataille*. Nous eûmes besoin de cette transformation à Mojaïsk, car notre cavalerie, réduite de moitié, ne pouvait inspirer que de la pitié, surtout à ceux qui l'avaient vue passer le Niémen.

(5) Ces débris réunis ne formaient pas trois cents

hommes ; les régimens se trouvaient ainsi fondus par la perte des chevaux, beaucoup plus considérable que celle des hommes.

(6) Nous avions deux lièvres pour cinq sous ; aux premiers froids, les paysans les apportaient au marché à pleins traîneaux, dépouillés de leur fourrure il est vrai ; ils la préfèrent à la chair, qu'ils ne mangent pas.

(7) Un Français, qui était précepteur chez le plus riche propriétaire et négociant de la ville, perdit sa place parce qu'il était venu quelquefois voir le général B..... Le chef des médecins de ce gouvernement, dînant un jour chez ce personnage, dit en parlant du général, à qui on avait fait une opération, « qu'il ne l'aurait pas « faite, ou qu'il lui aurait plutôt enfoncé l'instrument « dans la poitrine. » Le gouverneur ne voulait pas voir ceux de nos généraux qui passaient et qui avaient de justes réclamations à lui faire ; il ne répondait pas à leurs lettres.

(8) Je ne parle de la Russie que d'après ce que j'en ai vu avec l'armée, et après avoir été fait prisonnier ; comme tel, je parcourus les gouvernemens de Kalouga, Toula, Rézan, Orel, et je revins en France par Tchernigof, Bialystock et Varsovie.

(9) La terre est noire en Russie ; elle est friable, légère et productive ; les terres argileuses et les pierres y sont excessivement rares ; on ne voit presque pas de cailloux dans les champs ; ils ne sont pas plus communs aux bords des rivières ; la couche de terre qui est noire a de trois à quatre pieds d'épaisseur ; plus profondément, la terre est rougeâtre, de la couleur qu'on appelle *terre d'Égypte*, et tout aussi friable que celle de la surface.

On sème le blé, c'est-à-dire le seigle, car il y a très.

peu de froment, en septembre, dans les champs qu'on a labourés une première fois en juin, une seconde fois en juillet ou en août, selon le temps, et qu'on laboure une troisième fois pour recouvrir le blé qu'on vient d'y jeter; la charrue dont on se sert, attelée d'un petit cheval, ne va pas à plus de six pouces dans la terre. Le blé commence à verdir vers la fin d'octobre, quand la neige tombe; il se conserve sous la neige avec ses feuilles, comme je le dirai plus loin; il est en épi au commencement de juin, on le coupe à la fin de juillet ou au commencement d'août.

Après le dégel on sème ce qu'on appelle les blés de printemps; c'est de l'avoine et du sarrasin.

L'avoine et le sarrasin (*polygonun fagopyrum*) se sèment sur la terre où l'on a récolté du blé au mois d'août précédent; on la laboure une première fois aussitôt après le dégel; quinze jours ou trois semaines après on y jette la semence et on laboure encore pour la couvrir : l'avoine se coupe au commencement d'août aussitôt après le blé. Le sarrasin se sème et se récolte un peu plus tard que l'avoine.

Ainsi la terre qui a donné cette année du blé, donnera l'année prochaine de l'avoine ou du sarrasin, l'année suivante elle se reposera ou restera en jachère, et la quatrième année on y remettra du blé, et ainsi de suite.

On ne cultive pas d'autres fourrages que l'avoine; on sème peu de trèfle.

Les prairies sont négligées; on ne les renouvelle pas quoiqu'elles soient très vieilles et souvent remplies de mauvaises herbes, telles que la *fistularia*, le *veratrum album flore subviride*, le *cypripedium calceolus*, etc.

Le chanvre se sème en juin ; il vient haut de cinq pieds ; on le met à rouir l'automne, on le retire de l'eau avant les froids, et on le laisse l'hiver épars autour des maisons ; on ne le travaille qu'au retour de la belle saison. Les paysans en donnent une partie au seigneur et vendent le reste ; c'est à peu près la seule denrée qui leur donne de l'argent, car ils consomment tout leur blé.

Chaque paysan sème un peu de lin tous les ans ; la graine de Riga est fort estimée, mais peu en font venir. Le lin vient haut d'un pied ou d'un pied et demi ; il leur sert à faire la toile qu'ils doivent donner au seigneur.

Je me borne à parler des objets les plus nécessaires ; de plus grands détails me mèneraient trop loin.

(10) A Pétersbourg, on peut, au solstice d'été, lire toute la nuit sans flambeau pendant une semaine ; dans le gouvernement d'Orel, j'ai pu lire jusqu'à dix heures un quart pendant trois ou quatre jours.

(11) C'est la saison où les moulins à eau vont le plus également.

(12) Ces idées des peuples du Nord sur les moyens de remédier à la congélation sont d'accord avec la saine physiologie, les écoles qui professent les meilleures doctrines n'en émettent pas d'autres ; tant il est vrai que l'observation est la voie la plus sûre pour arriver à la vérité !

(13) Souvent ces étuves et les hangars attenans prennent feu et causent des incendies parce qu'on ne les place pas toujours aussi loin des habitations que la prudence le voudrait.

(14) En 1813 ils venaient jusqu'à Dresde, et en rapportaient quelques pièces d'étoffe sur lesquelles ils gagnaient beaucoup, parce qu'en route ils ne dépensent presque rien.

(15) Les Russes les nomment *poddarojniks noddapo-mehos*, oiseau qui se tient sur les routes.

(16) Une seule espèce, car il y en a une autre qui ne change pas de couleur.

(17) Il faut observer que leur manière de nager se rapproche de celle des chiens et non de celle des grenouilles, comme la nôtre.

(18) On laisse dans chaque appartement un *was-is-das* pour renouveler et rafraîchir l'air.

(19) On ferme le tuyau par en haut, dans le grenier, pour retenir la chaleur, et à plusieurs poêles il y a six pieds au-dessus de terre une espèce de gouleau ou de robinet qu'on ouvre alors pour faire entrer la chaleur dans l'appartement.

(20) Pour prévenir cet inconvénient, dans beaucoup de maisons on fait racler et essuyer les vitres tous les jours dès le commencement de l'hiver; si l'on néglige de le faire la glace y devient toujours plus épaisse.

(21) Les effets de ce gaz sont connus; je ne m'arrêterai pas à en décrire les symptômes, il sont les mêmes que ceux que produit la vapeur du charbon. Le remède est plus constamment auprès du mal en Russie qu'ailleurs; il ne faut pas aller loin pour pouvoir donner au malade un air frais et le rouler dans la neige.

(22) Cette chaussure est très mauvaise pour les temps pluvieux, pour le printemps et l'automne; l'eau la pénètre facilement.

(23) C'est pourquoi dans les villes il n'y a pas de marchands d'étoffes pour les paysans.

(24) La pelisse et la capotte ont la forme de ce qu'on appelle en France une *polonaise*.

(25) Dans les villes on vend aussi des chaussures et des

bottes en feutre, blanc, roux; des bottes tricotées en laine avec de longs poils, des bottes de velours, etc.

(26) C'est bien certain quoique ce ne soit pas général; je l'ai vu à Orel, et surtout à Balkof qui est dans le même gouvernement, à Minsk et à Toula; j'en ai demandé la raison, on m'a répondu que c'était la mode. Comme elles mettent beaucoup de blanc, il se peut que leurs dents s'en ressentent, et qu'elles aiment mieux les noircir tout de suite que de les voir changer peu à peu; elles se les noircissent aux grandes fêtes, quand elles vont en visite. J'ai eu la recette de la composition dont elles se servent; cette couleur est assez durable; elle attaque la substance des dents. En voyage, auprès de Balkof, j'ai été consulté une fois dans une auberge par une jeune fille qui avait toutes les dents noires comme de l'encre, diminuées du volume qu'elles devaient avoir comme si elles eussent été dissoutes par un agent extérieur; ses gencives étaient très gonflées; elle souffrait beaucoup. J'imaginai qu'elle avait voulu noircir ses dents; je ne pus me faire comprendre pour le lui demander; mais j'en ai vu beaucoup d'autres dans cette ville qui le faisaient sans cet accident. De vieilles chansons russes parlent des *belles marchandes aux dents noires.*

(27) On voit alors tout le peuple russe porter la chemise hors de la culotte; souvent des recrues, même en uniforme, sont dans cet équipage.

(28) Les chevaux des Cosaques reviennent du pacage lorsque leur maître les appelle ou les siffle; ils en ont quelquefois plusieurs qui les suivent partout à l'armée; au printemps, le cou de ces chevaux saigne sans qu'on les touche.

(29) On trouve cependant avec difficulté des chevaux

assez grands pour la cavalerie , quoique les Russes ne les exigent pas pour cet usage aussi grands qu'on les veut en France.

(3o) Vingt-trois jours aprés le départ des glaces on voulut planter des poteaux au milieu de la place du village qui était un grand espace sec , battu et exposé au soleil ; on trouva la terre dégelée d'un pied seulement ; à une plus grande profoudeur elle était encore gelée de deux pieds; on ne pouvait plus la couper avec la bêche , il fallut faire du feu dans les trous pour la ramollir, et employer le hoyau. Deux jours après je fis creuser dans des endroits où la terre était moins tassée , mais où il y avait des broussailles , et par conséquent de l'ombre, nous ne trouvâmes plus de terre gelée; dans les endroits où on la travaille elle dégèle plus vite , surtout si les pluies sont fréquentes au printemps. Il n'y en avait pas eu cette année-là.

(3r) Les Russes appellent la dernière semaine de carnaval la *semaine de beurre*.

(32) On n'est jamais en peine de vendre son blé quand les chemins sont beaux , et cela est étonnant dans un pays où il abonde ; les fabriques d'eau-de-vie en consomment beaucoup. Il y a des contrées où le blé n'a presque aucun débouché. L'Ukraine, si fertile, est obligée de consommer presque tout le blé qu'elle produit. Le Dniéper n'est pas navigable ; ce pays est loin de tout. Le gouvernement accorde la permission de fabriquer l'eau-de-vie sans payer de droits; il en résulte qu'on boit encore davantage : les femmes s'enivrent généralement. Le port d'Odessa pourra dorénavant faciliter l'exportation.

(33) L'air ne peut se réchauffer tant que la terre est

couverte de neige ; la chaleur de l'atmosphère est d'abord
employée à la fondre, puis à faire dégeler la terre dont
la surface ne peut cesser non plus d'être froide tant que
ses couches plus profondes sont encore dans un état de
congélation.

(34) Le blé n'existe pas dans la nature ; ce n'est que
par la culture que cette plante a pu devenir ce qu'elle
est. (*Voyez* Buffon.)

(35) On a souvent occasion d'observer en Russie l'influence du régime des femmes sur les enfans qu'elles
allaitent. Lorsqu'un carême commence, si des nourrices
font maigre, les enfans, surtout les plus jeunes qui ne
mangent pas encore, sont dérangés ; ils ont de la chaleur, de l'agitation, etc. Ils sont encore bien plus dérangés lorsque le carême finit, soit à cause du simple
changement des qualités du lait, soit par les excès de
table auxquels les nourrices se livrent alors comme les
autres. On aurait donc pu croire que la maladie dont je
parle tenait à certaines qualités particulières du lait chez
des femmes qui font maigre la moitié de leur vie ; mais
ce que j'ai dit prouve que cette maladie ne tient pas à
cette différence d'alimens.

(36) Pendant leur carême les paysans russes ne mangent ni beurre, ni lait, ni œufs ; quelquefois ils ne man-
geraient pas de poisson, quand ils en auraient.

(37) Les journaux de Pétersbourg viennent de publier le *Tableau comparatif des naissances et morts
dans l'empire russe*, *pendant l'année* 1816.

D'après le recensement donné par le saint synode, et
qui ne comprend que les individus faisant profession de
la religion grecque, il est né dans toute l'étendue de
l'empire de Russie, pendant l'année 1816, 765,063 gar-

çons, et 692,543 filles ; total 1,457,606 enfans ; 159,145 de plus que dans l'année 1815. Le rapport des naissances des garçons est à celui des filles comme 100 est à 90 $\frac{1}{2}$. Il est mort 418,024 individus mâles, et 402,359 individus femelles ; en tout 820,383 ; 70,605 de moins que dans l'année 1815. De ce nombre sont morts *avant l'âge de cinq ans, 210,173 garçons, faisant plus de la moitié.* Parmi les hommes (la liste des femmes n'ayant pas été donnée), 64,777 ont atteint plus de soixante ans, 36,029, plus de soixante-dix ; 14,967, plus de quatre-vingts ; 4,105, plus de quatre-vingt-dix ; 1,878, plus de quatre-vingt-quinze ; 689, plus de cent ; 224, plus de cent cinq ; 124, plus de cent dix ; 53, plus de cent quinze ; 33, plus de cent vingt ; 11, plus de cent vingt-cinq ; 5, plus de cent trente ; et 1, dans l'éparchie de Pensa, le grand âge de cent trente-cinq à cent quarante ans.

Il faut remarquer qu'à l'exception des dix premières années de l'enfance, la plus grande mortalité a eu lieu depuis l'âge de soixante ans jusqu'à soixante-cinq. A cet âge sont morts 16,248 hommes, par conséquent plus de la vingt-sixième partie du total. Le nombre des naissances a surpassé celui des morts de 637,223. Il y a eu 329,683 mariages, 3,020 de moins que dans l'année 1815. (*Extrait du Journal des Débats,* du vendredi 19 février 1819.)

(38) Un ménage est une charrue de plus pour la famille ; le seigneur donne aux nouveaux époux, comme à leurs parens, une certaine étendue de terre à travailler pour eux.

(39) Ces inconvéniens des mariages précoces font apprécier la sagesse des opinions émises par quelques législateurs anciens, sur l'âge le plus convenable à l'union

conjugale. Platon voulait que les hommes se mariassent à trente ans, et les femmes à vingt. Aristote avait fixé l'époque du mariage des filles à dix-huit ans, et celui des hommes à trente-sept.

(40) La beauté des dents est remarquable chez les Russes ; on est de suite porté à en chercher la cause. Elle peut être dans la sécheresse de l'air, ou tenir à leurs habitations, à leur régime, en grande partie végétal, à leurs boissons, légèrement acides, à l'abstinence des épiceries et des alimens sucrés, ou à la manière dont ils se coiffent.

« Tout ce qui me fait de la peine, dit madame de Sé- « vigné à sa fille (Paris, samedi 4 avril 1671), en parlant « d'une nouvelle coiffure, c'est que cette mode qui laisse « la tête découverte me fait craindre pour les dents. » Elle ajouta en lui conseillant de l'adopter : « Du reste, « consultez votre paresse et vos dents. » On pourrait juger de l'influence de cette cause, en Russie, en examinant les dents des vieilles filles : je n'ai pas pensé à faire cette remarque.

Ce qui porterait à croire que la sécheresse de l'air est la principale cause de la conservation des dents, c'est que les Arabes du désert, ou les Bédouins, qui se trouvent placés dans des circonstances bien différentes de celles où sont les Russes, mais qui vivent sous un ciel encore plus dépourvu d'humidité, sont également remarquables par la beauté de leurs dents. (*Voyez* VOLNEY, *Voyage en Égypte et en Syrie ;* M. DE CHATEAUBRIAND, *Itinéraire de Paris à Jérusalem,* etc.)

(41) La fable de Prométhée, dont on a pu faire de nos jours une si juste application.

(42) Divers points scientifiques qui ne peuvent être ici

qu'indiqués recevront plus de développement dans mon ouvrage sur *les Contagions*.

(43) Ils appellent mettre un malade sous les saints, le placer de manière que sa tête se trouve au-dessous des images, ou, comme on le pratique le plus ordinairement, placer les images au chevet de son lit.

(44) Les femmes seules expriment ainsi leur douleur.

(45) On dira peut-être que ce n'est pas possible, on parlera des lois; mais moi qui ai connu des personnes qui se sont enrichies à ce trafic, je dois dire que telle est la vérité.

(46) Lorsqu'un homme est fait soldat, sa femme devient libre; elle peut aller où elle veut. Il a fallu établir cette règle pour prévenir les abus de la puissance en faveur du libertinage ou de la démoralisation.

(47) Le malheureux Kotzbuë, dans son *Année mémorable*, parle de paysans du côté de la Sibérie qui avaient laissé leurs maisons s'encombrer tellement de fumier qu'ils jugèrent plus facile de les emporter que d'en déblayer l'entrée. La paresse des Russes ne va pas ordinairement jusque là; mais elle dispose à concevoir de telles assertions.

(48) Une terre seigneuriale est partagée entre le seigneur et les paysans, qui en ont la moitié et quelquefois davantage. Les paysans cultivent tous ensemble la terre du seigneur, et se partagent celle qui leur est assignée; mais comme toutes les portions de cette dernière moitié ne sont pas également bonnes, ils en changent entre eux tous les ans. Cette règle, juste sous ce rapport, nuit beaucoup à l'agriculture. Leurs chenevières et leurs jardins leur restent toujours: aussi les engraissent-ils.

(49) *La musique de cors* qu'on entend dans les gran-

des maisons, en Russie, se compose d'un grand nombre d'individus à chacun desquels on donne un instrument, ou une trompe, de grandeur différente, mais de même forme, et qui ne peut rendre qu'un son ; toutes les fois que la note correspondante se présente dans le morceau de musique qu'on exécute, c'est au même individu à la faire ; il doit bien exactement compter les mesures pour les rendre à propos, comme ferait une touche animée. De cette réunion de sons isolés résulte un ensemble agréable ; mais en l'écoutant on ne peut toujours s'empêcher de réfléchir sur le pouvoir composant ses plaisirs des peines d'autrui. Il n'y a qu'un esclave qui puisse se résigner à n'être qu'un *sol* ou un *ut* toute sa vie.

(50) On a des exemples fameux de ces abus du pouvoir. Dans ces derniers temps, on a vu un personnage de Russie, riche de quinze à vingt millions, refuser un million qu'un marchand, son esclave, lui offrait pour obtenir sa liberté. « Garde ton or, lui dit-il ; il est plus glorieux « pour moi d'avoir un homme tel que toi, qu'un million « de plus. »

(51) Dans un village qui appartenait à la maison où j'étais, et qui n'en était qu'à demi-lieue, un prêtre qui venait d'administrer un paysan malade, n'étant pas content de ce qu'on lui avait donné, emporta la porte de la cour en s'en allant :

> . . . . . *Crimine ab uno*
> *Disce omnes.*

(52) Si on savait qu'un seigneur fût resté trois ou quatre ans sans faire ses pâques, il serait réprimandé.

(53) La table des riches est servie avec profusion : mais les productions des cuisiniers serfs portent souvent la

tache de leur péché originel, ou sont souvent marquées du sceau réprobateur de la négligence.

On tue au commencement de l'hiver la viande dont on peut avoir besoin pendant une grande partie de la durée des froids, qui aident à la conserver. On épargne ainsi la nourriture des bestiaux et des animaux domestiques destinés à la table. Les marchés du Nord sont sans contredit des mieux pourvus de ces denrées de première nécessité, et offrent un coup-d'œil remarquable par les formes et les attitudes que le froid conserve à tant d'animaux morts.

On consomme beaucoup de poisson pendant les carêmes; il y en a de fumé, de salé, de séché au soleil. L'hiver dispense aussi à leur égard de beaucoup de précautions. Les marchands n'en mangent pas selon leurs moyens; beaucoup renchérissent sur l'abstinence que prescrit l'Église.

On tire un grand parti des champignons pour la table des riches, on en fait des bouillons excellens.

L'été, la soupe à la glace composée de la boisson ordinaire, dans laquelle on met des concombres coupées par tranches, du persil ou du cerfeuil, du poisson rouge et de l'esturgeon avec de gros morceaux de glace, est un met rafraîchissant très agréable. Le bœuf salé et les viandes fumées se font parfaitement en Russie.

Les riches ont, outre la boisson ordinaire, susceptible d'une certaine perfection, de la bière et des vins étrangers, principalement de ceux de France. A en croire les noms qu'on leur donne, on boirait beaucoup de vins de Lafitte et de Château-Margaux. Le vin de Champagne est presque de rigueur dans les fêtes; le vin blanc de Moldavie est souvent le vin d'ordinaire; les vins de Madère

« de Malaga sont en usage au milieu et à la fin du repas. On tire tout le parti possible de l'eau-de-vie de
grains, qu'on aromatise avec des plantes amères, et
dont on fait quelquefois des liqueurs.

Comme en Pologne, on se salue en se levant de table.

(54) La nuit des noces, on voit encore de vieux Mos-
covites, parens de l'époux, se montrer partisans de l'opinion de Haller (*prima Venus debet esse cruenta*) et
en exiger un témoignage, qui devient pour eux un motif
de félicitation envers les parens de la mariée. Cette satisfaction leur a été accordée à ma connaissance aux noces
de comtes et de princes.

(55) L'usage des fourrures peut influer sur les mœurs
des habitans des pays froids.

(56) La note suivante, extraite du *Moniteur*, du 5 décembre 1819, peut servir à prouver ce que j'avance :

« Pétersbourg, le 9 novembre.

« Sa majesté a rendu, il y a quelque temps un ordre
« d'après lequel les sous-officiers et soldats des régimens
« de la garde, qui ont bien servi pendant vingt-deux
« ans, doivent obtenir leur congé. La même *faveur* est
« accordée, au bout de vingt-cinq ans de service, aux
« sous-officiers et soldats des autres corps de l'armée. »

Je me contente de souligner un mot.

(57) Les marchands comptent avec l'instrument des
Tartares ou des Chinois, appelé *schetky*, du verbe *tchi-
tay*, compter.

(58) Quelques mesures prises dans ces derniers temps
n'infirment pas autant qu'on pourrait le croire ce que je
viens d'énoncer comme des vérités générales ; aussi ne
craindrai-je pas de rappeler ce qui a été publié à cet
égard.

Le *Moniteur* du 5 décembre 1819 contient l'article suivant, sous la date de Pétersbourg, du 9 octobre.

« On mande de Courlande ce qui suit :

« On s'occupe maintenant à introduire l'émancipa-
« tion des paysans. Les tribunaux des communes sont
« déjà en activité ; ils se composent de l'ancien de la com-
« mune et de deux assesseurs de l'état des paysans, avec
« un secrétaire de la commune de l'état des bourgeois.
« Les propriétés particulières sont soumises à un autre
« tribunal que les biens de la couronne, réunis de ma-
« nière à ce que deux à trois mille âmes forment un dis-
« trict. On organise en ce moment les tribunaux de dis-
« tritct, formant la seconde instance, et qui tiendront
« des séances permanentes ; ils seront composés d'un
« capitaine, d'un juge de paix et d'un assesseur de
« l'état noble, avec un secrétaire et un assesseur de
« l'état des paysans. L'ukase de S. M. l'empereur, du
« 6 juin 1815, a aussi aboli la servitude des paysans
« dans l'Esthonie. Il en est de même dans la Livonie,
« où la discipline domestique est entièrement abolie ; au-
« cune punition ne peut y être infligée sans une sentence
« de l'autorité judiciaire. La constitution de ce pays as-
« sure aux Livoniens l'administration gratuite de la jus-
« tice, et les garantit contre tout acte arbitraire. On
« compte que dans les dix-huit cents villes de l'empire
« russe, il se trouve six millions d'individus de l'état
« bourgeois qui jouissent de la liberté. En outre, un
« nombre considérable de serfs sont entrés dans l'état de
« cultivateurs libres, par suite d'arrangemens particu-
« liers avec leurs seigneurs. Les lois de l'empire accor-
« dent l'affranchissement de la servitude à tous les mili-
« taires, et comme leur nombre s'est considérablement

« augmenté par les dernières guerres, il en résulte une
« augmentation prodigieuse dans l'état des individus qui
« jouissent de la liberté. Le bonheur public s'affermit
« ainsi sur des bases solides dans l'intérieur de l'empire
« russe, sous le règne sage et glorieux du magnanime
« Alexandre, par l'établissement de la liberté générale
« des citoyens. »

Tous ceux qui ont vu ce pays par eux-mêmes s'aper-
cevront sans doute des efforts qu'on fait dans ce rapport
pour donner à la Russie l'aspect d'un pays libre ; je ne
parlerai pas de ces tribunaux qui, au lieu d'être composés de juges égaux, sont formés d'individus des diverses classes qu'ils représentent, et qui, comme on sait,
sont subordonnées à la noblesse, en sorte que celle-ci
doit encore tenir le sceptre ou le glaive dans le temple
de Thémis. J'observerai que la Courlande, l'Esthonie et
la Livonie sont, aux yeux des Russes, des provinces
allemandes et presque étrangères, qui ont leur langage,
leurs mœurs et coutumes, et qui sont incomparablement
mieux disposées à recevoir la liberté, qu'elles n'ont perdue qu'en passant sous le joug des Russes, que le reste de
l'empire. Quant aux dix-huit cents villes russes et à leurs
bourgeois, dont on a sans doute grossi le nombre en le
portant à six millions, on sait à quoi s'en tenir par ce
que j'ai dit. Les serfs entrés dans l'état de cultivateurs
libres par suite d'arrangemens particuliers avec leurs
seigneurs, sont, comme je l'ai déjà dit, des paysans qui
au lieu de donner des journées à leurs seigneurs, leur
donnent de l'argent, c'est là toute la différence ; ces
paysans sont absolument comme les autres : ils ont les
mêmes idées. Ces arrangemens peuvent changer ou finir
chaque année si le maître le veut ; cela ne diminue en

rien son autorité sur eux ; il peut leur demander tel sur-
croît d'impôt que bon lui semble, et les vendre comme
les autres : les paysans savent si bien que leur dépendance
n'est pas diminuée dans cette situation qu'ils demeurent
toujours également paresseux et pauvres.

Les lois de l'empire accordent, dit-on, l'affranchissement de la servitude à tous les militaires, mais on les
garde : ils quittent un joug pour passer sous un autre
qui n'est pas moins pesant ; ils ne peuvent pas les porter
tous les deux à la fois.

Ainsi, les améliorations dont on parle se réduisent pour
la Russie à....

Voici la réalisation de ces promesses.

Extrait du Moniteur *du* 14 *février* 1820.

« Riga, le 20 janvier.

« La solennité qui fait époque dans l'histoire de la Li-
« vonie a été célébrée hier. Les sept paragraphes de l'u-
« kase concernant la délivrance des paysans, sont les
suivans :

« 1°. L'ordre équestre de la Livonie et d'Oesel renonce
« à jamais à tous les droits fondés sur l'esclavage de la
« glèbe, sous condition qu'il conservera ses droits sur les
« terres, tels qu'ils sont consacrés par les lois anciennes.

« 2°. La couronne accorde également à ses serfs en
« Livonie la liberté personnelle. Les villes de la Livonie
« accordent la même liberté aux paysans des terres
« qu'elles possèdent.

« 3°. Les possesseurs héréditaires de droits sur les terres
« ou sur les serfs, qui n'appartiennent point à l'ordre
« équestre, accordent à leurs serfs une égale liberté.

« 4°. Toutefois, la masse entière des serfs ne peut être

« délivrée à la fois , sans qu'il n'y ait interruption dans
« les travaux de l'agriculture, et sans donner lieu à des
« erreurs et à une précipitation qui pourraient avoir des
« inconvéniens pour les deux parties ; c'est pourquoi il
« est ordonné qu'aussitôt après la publication du pré-
« sent, on commencera à organiser les communes, insti-
« tuer les tribunaux, et à prendre, pendant les quatre
« premières années qui vont s'écouler, toutes les mesures
« nécessaires pour l'affranchissement définitif des serfs
« de la glèbe ; une moitié des laboureurs sera affranchie
« le jour de saint Georges 1823; l'autre moitié le même
« jour 1824. Une moitié des domestiques et journaliers
« sera affranchie le même jour 1825, et à la même épo-
« que 1826, tous les paysans de la Livonie seront égale-
« ment libres de la glèbe.

« 5°. Tous les enfans des paysans livoniens qui naîtront
« après la publication du présent, seront libres de droit.
« Les fugitifs qui rentreront volontairement ne seront
« pas punis s'ils ont quitté leur glèbe avant la publica-
« tion du présent, et jouiront des droits accordés aux
« paysans livoniens.

« 6°. et 7°. Il est permis aux seigneurs et aux paysans,
« dans l'intervalle qui s'écoulera jusqu'à l'affranchisse-
« ment définitif, de contracter entre eux, relativement
« aux services de la glèbe, et ces contrats seront valables
« même après l'affranchissement définitif. »

FIN DES NOTES.

TABLE DES CHAPITRES

CONTENUS

DANS LES SOUVENIRS DU NORD.

LA GUERRE.

Chapitre premier. Départ....................*Page* 1

Chapitre II. Passage du Niémen................. 12

Chapitre III. Affaire d'Ostrowno................ 21

Chapitre IV. Smolensk........................ 33

Chapitre V. Entrée en Russie.................. 36

Chapitre VI. Bataille de la Moskowa............ 40

Chapitre VII. Moscou........................ 51

Chapitre VIII. Attaque imprévue des avant-postes;
captivité; retraite........................... 68

LA RUSSIE.

Chapitre premier. Aspect du pays; climat; habitations; vêtemens, etc......................... 98

Chapitre II. Des Russes sous le rapport de l'influence
du climat et de la manière de vivre; et d'abord
des paysans................................ 156

LES RUSSES OU L'ESCLAVAGE.

Chapitre premier. Aperçu général et considérations
particulières sur le moral du peuple russe....... 193

Chapitre II. Des nobles russes.................. 227

Chapitre III. Terme désirable à tant de maux. *Page* 265

Chapitre IV. Origine de l'esclavage.............. 289

Chapitre V. Opinion avantageuse que les nobles russes ont d'eux-mêmes, surtout lorsqu'ils se comparent aux étrangers...................... 294

Notes.............................. 303

FIN DE LA TABLE.

BIBLIOTHÈQUE NATIONALE — COLLECTION DU BARON LARREY — DON DE Mme DODU — IMPRIMÉS

DE L'IMPRIMERIE DE CRAPELET.

AVIS AU LECTEUR.

Cet ouvrage ayant été imprimé en l'absence de l'auteur, il s'est glissé quelques fautes que le lecteur voudra bien rectifier d'après l'indication suivante.

Page 7, *ligne* 2 : Et le cliquetis des armes des lieux de repos ; *lisez*, et le cliquetis des armes. Des lieux de repos, de ces stations guerrières.

P. 13, *l.* 25 : Les nombreuses troupes ; *lisez*, les troupes.

P. 17, *l.* 21 : Le pays était merveilleux ; *lisez*, le pays était meilleur.

P. 34, *l.* 11 : En traversant le fleuve ; *lisez*, en traversant Smolensk.

P. 48, *l.* 13 : C'est nécessaire. Cependant, pour juger sainement ce qu'on aura de la peine à croire ; *lisez*, c'est nécessaire cependant pour juger sainement. Ce qu'on aura de la peine à croire, etc.

P. 49, *l.* 20 : Pendant ce court trajet, et dès les jours suivans on se tira le soir ; *lisez*, pendant ce court trajet. Les jours suivans on se tira le soir, etc.

P. 60, *l.* 21 : Tarontin ; *lisez*, Taroutin.

P. 70, *l.* dernière : Toute espèce d'horreurs. Un de nous abordant un officier ; *lisez*, toute espèce d'horreurs. En nous abordant, un officier de cosaques, etc.

P. 71, *l.* 20 : Une colonne de cavalerie de dragons ; *lisez*, une colonne de cavalerie (de dragons).

P. 73, *l.* 14 : Ces nouveaux soldats devancer nos conducteurs ; *lisez*, ces nouveaux soldats devenus nos conducteurs.

P. 117, *l.* 17 : L'endroit où il doit s'être jeté près d'une ouverture ; *lisez*, l'endroit où il doit s'être jeté. Près d'une ouverture, etc.

Ibid. l. 23 : Il arrive ainsi ; *lisez*, il arrive aussi.

P. 128, *l.* 10 : Défaut de subtilité du cerveau ; *lisez*, défaut de susceptibilité du cerveau.

P. 131, *l.* 4 : Couvertes de neige ; *lisez*, couverts de neige.

P. 140, *l.* dernière : S'il est instruit des dangers qu'elle prépare, et si dans sa marche ; *lisez*, mais instruit des dangers qu'elle prépare, si dans sa marche, etc.

P. 141, *l.* 5 : Un gouffre caché sous vos pas ; *lisez*, un gouffre caché.

P. 146, *l.* 11 : Ne cède que peu à peu à cette humidité ; *lisez*, ne cède que peu à peu cette humidité.

P. 163, *l.* 12 : Comme tout le monde semble placé ; *lisez*, lorsque tout le monde semble placé.

P. 171, *l.* 9 : Ils ne tiennent pas à en avoir pendant leurs carêmes ; *lisez*, ils ne tiennent pas à en avoir. Pendant leurs carêmes, etc.

Page 177, *ligne* 16 : Des parties plates et ulcéreuses ; *lisez*, des pustules plates et ulcéreuses.

P. 236, *l.* 2 : Missayéduf ; *lisez*, Missayédof.

P. 239, *l.* 13 : On se prend très vide ; *lisez*, on s'éprend très vite.

P. 242, *l.* 10 : Magiques, et autres conséquences naturelles ; *lisez*, magiques et autres, conséquences naturelles.

P. 275, *l.* 23 : Interprétation ; on croirait peut-être ; *lisez*, interprétation. On croirait peut-être, etc.

P. 277, *l.* 1 : (Ainsi l'a promis Jupiter) ; *lisez*, (ainsi l'a permis Jupiter).

P. 287, *l.* 18 : Si désagréablement, comme l'a dit ; *lisez*, si désagréablement. Comme l'a dit, etc.

P. 289, *l.* 1 : Sénatus-consulte à la Sylla ; *lisez*, sénatus-consulte syllanien, etc.

Ibid. l. 6 : Supposa un sentiment ; *lisez*, suppose un sentiment.

P. 296, *l.* 3 : Prétendent facilement ; *lisez*, prétendent tacitement.

P. 308, *l.* 1 : *Poddarojniks noddapomehos* ; lisez, *poddarojniks (noddapomehos)*.

P. 309, *l.* 4 : Balkof ; *lisez*, Bolkof.

Ibid. l. 5 : Minsk ; *lisez*, Mzensk.

www.ingramcontent.com/pod-product-compliance
Lightning Source LLC
Chambersburg PA
CBHW061435060726
47597CB00002B/337